精装典藏版

马云

思维决定成败

李朝辉／著

时事出版社
北京

图书在版编目（CIP）数据

马云：思维决定成败 / 李朝辉著 .—北京：时事出版社，2020.2

ISBN 978-7-5195-0318-5

Ⅰ.①马… Ⅱ.①李… Ⅲ.①电子商务 – 商业企业管理 – 经验 – 中国 Ⅳ.① F724.6

中国版本图书馆 CIP 数据核字（2019）第 271494 号

出版发行：时事出版社
地　　址：北京市海淀区万寿寺甲 2 号
邮　　编：100081
发行热线：（010）88547590　　88547591
读者服务部：（010）88547595
传　　真：（010）88547592
电子邮箱：shishichubanshe@sina.com
网　　址：www.shishishe.com
印　　刷：大厂回族自治县德诚印务有限公司

开本：880×1230　1/32　印张：8　字数：180 千字
2020 年 2 月第 1 版　2020 年 2 月第 1 次印刷
定价：52.00 元
（如有印装质量问题，请与本社发行部联系调换）

前言

为什么偏偏是马云

1995 年马云开始创业，他租了个办公室，晚上 8 点多，骑着自行车去上班。

路上，他看到前面有五六个人抬着很大的木杠子在撬窨井盖，要偷铁盖子去卖。

“我忽然想到前几天报纸上登过，有个小孩掉到没有盖子的窨井里淹死了。特别懊恼的是，我怎么打得过五六个人？而且一看个子都那么大。”

“我就骑自行车跑到前面去找人，骑了四五百米，一个警察都没有看到，边上也没人愿意跟我来。我绕了两圈实在忍不住，就回过去停下来，一只脚跨在车上，一只手指着他们：‘你们给我抬回去！’”

“那时我在想，如果他们冲过来我肯定逃了，但是不说我又难受。这时候突然有个男的冲了过来：“你说什么？”我看有人跟我讲话就特别得意，我说，就是他们，把那个窨井盖抬走了。他问，你想他们怎么样？我想，他怎么会问这么傻的问题呢？一看背后有个摄影机在对着我……”

原来，那天是电视台在做一个测试，看看路过的人里到底有多少人会站出来说“不”。

“那天就我通过了这个测试。”马云得意地笑了，眼睛亮晶晶的。

今天，你也许会问，全中国有那么多人，马云为什么能如此成功？在问这个问题以前，我劝你想这样一个问题：杭州街头那么多人，站出来的为什么偏偏是马云？进而，我还想问你：

杭州师范有那么多人，唯一一个每天在西湖边上和老外搭讪，当免费导游的，为什么偏偏是马云？

那么多人在20世纪就看到网络时代的晨曦，而唯一一个始终相信这缕晨曦最终会光芒万丈的人，为什么偏偏是马云？

在中国互联网还未成熟时敢搭上身家创业的人，为什么偏偏是马云？

那么多人在网络泡沫破灭之后心灰意冷，那个始终坚信未来会更好的人，为什么偏偏是马云？

……

我们把这些问题放到一起，掰烂了、揉碎了、搅匀了之后，或许就会真正明白其中的原因了。

· 目录

第一章 创业思维

今天很残酷，明天更残酷，后天很美好

第二章 团队思维

先经营人性，后经营事业

第三章 语言思维

成功，除了要有头脑，还要有口才

第四章 超认同思维

使命、愿景和价值观是成就个人与组织的“三板斧”

第五章 整合思维

构建一个强大而高效的商业生态圈

第六章 趋势思维

我很少回忆过去，永远在思考未来

第七章 用户思维

以人为本，攻心为上

第八章 免费思维

免费的东西才是最贵的

第九章 顶点思维

跑得慢听到骂声，跑得快听到风声

第十章 败局思维

永远思考别人是怎么失败的

第十一章 太极思维

事情并没有好与坏，关键是看你怎么看

第一章 创业思维

今天很残酷，明天更残酷，后天很美好

马云，从外界口中的“骗子”“疯子”“狂人”一路走来，最终打造出阿里巴巴商业王国，这样的创业奇迹，使得他成为众多创业者的偶像。独特的思维是马云的魅力所在，而在创业这件事上，他同样有着属于自己的“模式”和“套路”。那么，在马云的创业思维中，有哪些值得我们学习的东西？是战胜自己、战胜困难的决心和勇气，还是锐意创新、勇于探索的激情，抑或是不忘初心、执着前行的信念？我们不妨从马云一路走来的创业经历细细讲起。

/ 再难也不要轻言放弃 /

多年前，中央电视台《东方时空》栏目做过一个跟访马云一天生活的节目，叫《书生马云》，记录了马云异常艰难的一天。那时的马云正在经历人生的第二次创业：中国黄页。那实际上就是一个简单的企业信息分类网站，可以根据大分类进入小分类，然后找到具体的企业或机构，里面有关于企业的简单介绍，还有电话、地址和联系方式等。

在现在，我们看来“中国黄页”只是一个类似信息汇总的小业务，但在互联网刚刚兴起的时代，那可以说是相当高大上了。公司成立之后，马云曾经跑到各大机构去推销这个产品。当时，互联网还是新生事物，手机也很稀有，连座机都没有普及，推销基本上是靠上门沟通。由于马云口中的中国黄页前景过于辉煌，又是当时人们知之甚少的互联网项目，在一开始做推销的那段时间，他讲的东西很多人根本听不懂，他经常被当做骗子。

在《书生马云》这档节目中，当时 32 岁的马云在拜访客户时，显然有些底气不足。那个年代很多人并不明白他口中的

“信息高速公路”是个什么东西，所以也就没有结果。

马云奔波了一天，业务拓展毫无收获。黄昏时分，他坐上了回住处的公交车，靠在车窗上，昏黄的路灯照亮了他布满疲惫的脸。在镜头中，马云虽然疲惫，却没有气馁，他对记者说：“再过几年，北京就不会这么对我，再过几年，你们都得知道我是干什么的，我在北京也不会这么落魄……”

这样的挫折和痛苦，是每一位创业者在创业初期必须经历的考验。很显然，这种锲而不舍的意志对他日后的成功起到巨大的推动作用。虽然处处碰壁，但马云仍然不屈不挠，那段时间他每天早上都对着镜子提醒自己：“互联网是影响人类未来生活 30 年的 3000 米长跑，你必须跑得像兔子一样快，又要像乌龟一样耐跑。”马云每天都这样给自己打气，之后再出门跟人侃互联网，说服客户。业务就在这样的局面下艰难地开展起来，到了第二年，中国黄页的年营业额不可思议地达到 700 万。

《羊皮卷》的作者奥格·曼狄诺写过这样一段话：“我不是为了失败才来到这个世界上的，我的血管里流动的也不是失败的血液。生命的奖赏远在旅途终点，而非起点附近。我不知道要走多少步才能达到目标。踏上第 1000 步的时候，仍然可能遭到失败，但成功就藏在拐角后面。”这其实正是成功者在遭遇困境时应有的心态，这个世界并不缺乏奇迹，缺乏的是为梦想而不懈努力的精神。

我们一定记得这样一个漫画，说的是一个人去挖井，挖了很多口，每一口都在快挖到水的时候放弃了，最终这个人觉得这片地方是没有水的，便彻底放弃了。这个漫画蕴含的道理很简单，就是做事情不能轻言放弃，只要坚持到底，奇迹就会发生。虽然我们每个人都明白这个道理，但在现实生活中，真正能做到的却很少。我们在坚持不下去的时候都会给自己找借口，比如时机不对，或者努力的方向错了，或者去寻找更好的目标。正因如此，这个世界上才有了那么多半途而废的梦想。

无论做任何事情，哪怕困难再大，成功的机会再渺茫，只要肯为之坚持不懈地去努力，获得成功的概率就会大大提升。许多人口中所说的“奇迹”以及“上天的眷顾”都是持之以恒努力的结果，比如绳锯木断、水滴石穿，这些都并非奇迹，而是日复一日努力的结果。

坚持不懈是人生难得的高贵品质，是人生取得成功的重要因素。在关键时刻，只要你发扬“坚持”精神再加以“不懈”努力，相信自己的意志和能力，勇于接受挫折和失败的考验，不仅会获得丰厚的回报，还会不断开发自身的潜能，最终获得成功。

伏尔泰说：“要在这个世界上获得成功，就必须坚持到底，你的剑至死都不能离手。”其实任何一个人在成功之前，都必定会遇到许多失意和挫折，甚至是一次又一次失败。如果你选择了放弃，无疑就是放弃了一个成功的机会，因为在大多数时候，失败往往距离成功只有一步之遥。自古以来，那些成功的人并不比普通人运气好，只是他们比普通人更加锲而不舍，更能坚持而已。

/ 乐观的人总是看到更光明的未来 /

2017 年 3 月 24 日，马云在马来西亚出席活动，与 3000 多名创业者和年轻人深入交流。他从一个杭州青年遭遇的失败讲起，再到阿里巴巴所进行的选择与思考，向大家分享了他所经历的失败和走过的道路。

在马云看来，自己并不是一个有天赋的人，他这样向大家描述自己："我试了 7 年才完成中学，人家用了 5 年，这是很糟糕的。每一个人都试着进大学，进好的中学，但我们都曾失败过，我是失败者中的一员。我想进重点初中、重点高中都失败了，考大学我失败了 3 次，然后申请工作我失败了差不多 30 次。我想大家都知道，当我高中毕业的时候，我没考上大学，我想在肯德基找一份工作，24 个人去了，23 个人被录取，我是唯一没有被聘用的。然后我试着去考警察，5 个同学去，4 个被录取，我又是那个没被录取的。当我们开始阿里巴巴创业之路，我试着去融资，我去了硅谷，和投资人对话，我见了超过 30 个投资人，没有一个愿意投给我们。"

听到马云这样描述自己的经历，在场的小伙伴们都惊呆了，所有人都没有想到，这位站在演讲台上的风云人物，也曾经遭遇过如此惨痛的失败。但是在马云看来，这些失败是“有趣的”，他认为自己犯下的每个错误、遭遇的每一次失败和拒绝，都是一次训练。在马云看来，如果被人拒绝，这是很正常的事情，轻易被别人接受才是不正常的事情。

正是基于这种乐观的心态，马云开始谋划自己的生意，每天给陌生人打电话，四处奔波去见客户。出门之前他总是会告诉自己：“我要见 12 个客户，我都不会有机会赢的，一个机会都没有。”晚上回到住处，如果确实一无所获，他会对自己说：“看，我是对的吧，我就知道没有机会。”但是如果某一天赢得了一个客户，在他看来，那就是比预期做得好，就是取得了进展。

马云这种积极乐观的心态值得我们去思考。人生在世，时常会遇到不如意的事情。我们应该用什么样的心态去对待生活？心态不同，人生的境遇也大不相同。我们时常会想：为什么有的人就是比其他人更成功，拥有更好的工作，赚更多的钱？而有的人终日忙忙碌碌地劳作，却只能维持生计？其实，人与人之间并没有太大差别。有心理学家曾经做过调查统计，认为人与人之间命运差异的关键点就是“心态”。一位哲人说过：“你的心态才是你真正的主人。”只有拥有正确的心态，才能真正驾驭自己的命运。

在日常生活中，心态对于一个人的思想、情感、需求和欲望都有着决定性影响，通常情况下，一个人的心态决定着他对待工作和生活的态度。从某种意义上来说，心态就像一把“双刃剑”：积极的心态往往能够造就辉煌的事业和人生；反之，如若不能很好地把握心态，我们的人生则会黯然失色。

假如一个人长期处于压抑、焦虑、消极甚至对立的心态之下，就算他的先天条件再优越，奋斗之路上获得的帮助再多，也不可能取得很好的成就；反之，一个人如果有着乐观向上的心态，那么必然会有良好的心理状态、和谐的人际关系和积极的精神状态，因而他就会充满信心，充分发挥自己的自觉性、主动性、创造性，利用每一分内在的潜力，最终取得非凡的成就。

有人编过这样一首歌谣：“积极的心态像太阳，照到哪里哪里亮；消极的心态像月亮，初一、十五不一样。”就像那个半杯水的典故中描述的，积极心态的人看到的是拥有半杯水，很幸运还有半杯水可以喝；而消极心态的人，看到的却是半个空杯，潜意识中甚至忽略了自己拥有的那半杯水。再比如，在一块黑板上点一个白点，有的人看到的是整个黑板，有的人看到的却是一个白点。所以说，心态决定了心理暗示的角度，心理暗示决定行为，而行为决定结果。很多时候，事情的不同结果其实只源于不同心态造成的不同心理暗示。

既然心态对我们至关重要，决定着我们一生的命运，那么我们应该怎样历练、完善它，使其不断地指引我们走向成功？古人云：“人生在世，不如意之事十有八九。”在我们的日常生活中，常常会遇到各种麻烦和困扰，比如工作待遇不公、经济条件不宽裕、健康出现问题、期望中的事情落空、好心却未得好报、替别人背黑锅等。遇到这样的事情，如能保持积极心态，就不会钻牛角尖，心胸也必然会豁达起来，自然能够妥善对待、处理好这些事情，进而工作顺利，心情舒畅。

相反，如果遇到不如意的境况总是想不开，往坏的方向去想，肯定会越想越生气，自控能力减退，情绪失控，出现言行反常现象。有时候甚至会为了一点小事，出言不逊，开口伤人，使你的人品大为降格，人际关系受损。

有心理学家曾经说过：“人可以通过改变自己的心态去改变自己的人生。”心态决定了人生，也决定了人的生活方式，有好心态就有好心情，有好心情就会用心做好每一件事。生活带给我们的挫折和幸福，我们都应该学会去享受。用好心态去把握短暂人生的每一分每一秒，你会发现你的人生如此阳光灿烂。

我们的人生绝不能失去积极的心态，积极的心态是一叶轻舟，只有它才能承载希望帮助我们到达成功的彼岸，重新“拾”起快乐。积极的心态是一盏路灯，照亮并且指引前进的道路，从此我们的心中有了希望，并能依靠着希望成就心中的梦想。

对于未来，我希望大家都能够记住马云的这段话：“世界变化如此之快，我们无法阻止。这是最好的时光，也是最糟糕的时候，所有都取决于你的态度。乐观的人总是看到光明，甚至不会抱怨，而悲观的人正在失去机会。”

/ 永远不要停止探索 /

马云在一次商界论坛大会上演讲时，出乎意料地将话题转到技术革新领域，他说:“第一次技术革命释放了体能，人们懂得了人是不可能跟机器来比谁的力气大的；第二次技术革命释放了人的距离和速度，使得我们明白人是不可能跟机器比谁跑得远、跑得持久、跑得快；而这次技术革命使大脑得以释放，正因为大脑得以释放，很多事情才会发生更多天翻地覆的变化。”最后马云这样总结道：一个商人若每天只知道赚钱，我相信他走不久。

马云的创业历程似乎可以印证他的这番话：从一开始创办翻译社，到建立中国黄页，再到后来成立阿里巴巴、淘宝，以及后来的云计算、大数据，马云始终走在技术革新的前列。2017 年的一次活动中，马云又提出“新零售”“新制造”“新金融”“新技术”“新能源”这五个新概念，指出技术革新将引领未来 30 年的变革。

我们无论是从马云的演讲内容还是日常生活中，都能切实体会到的支付方式的变革，都真真切切地感受到马云不仅是个商人，也是一个勇于开拓新局面的探索者。这种无所畏惧的探索精神值得我们每一个人去思考和学习。

成功的道路遥远而迷茫，前方是未知的，只有不断地探索，才有成功的机会。如果说成功或者失败是结果的话，那么探索就是过程。没有探索的过程，任何人都看不到结果。这个世界上，为什么有的人优秀、富有、成功，而有的人平庸、贫穷、失败？如果说这取决于能力，难道能力是天生的？如果说这取决于知识，那为什么别人有知识而你没有？如果说这取决于机遇，那为什么生活把机遇赐给别人而不给你？其实这些理由都是表象，成功真正在于你是否拥有探索的勇气和毅力。那些未知的成功，只有拥有坚持不懈探索精神的人才能得到。

事实上，精通“探索”技巧的人，并非一定就具有过人的才华，但他们能够有所建树，无非就在于他们把自己变成击不倒的竞争者。探索不是一时的，而必须是一种连续的过程。做到了这点，那么就会达到目标。继续—继续—继续—是成功的三点公式。然而不幸的是，大多数人持续的时间不够，或厌倦了，或被挫折击倒，一蹶不振。

李嘉诚 14 岁时家庭遭遇变故，不得不和母亲一起投靠舅舅。但是舅舅并不相信李嘉诚有肩负起家庭重任的担当，于是对李嘉诚多方刁难。年少的李嘉诚从未向舅舅低过头，从没有过去舅舅公司躲在其羽翼之下的想法，而是自己去茶楼找了一份跑堂的工作。虽然这份工作一天要工作 15 个小时，还要经常被客人训斥，但他仍然坚持了下来。不仅如此，他还利用一切闲暇时间学习英语，他将单词记在小卡片上，一有时间就偷偷拿出来背。虽然他经常被老板和客人耻笑，但还是坚持了下来。正是这份决心，让舅舅看到他想要撑起家庭的决心和独自谋生的能力，这才真正给他一个机会——让他去自己开的钟表公司做学徒。

成为钟表公司学徒的李嘉诚算是有了一份能够吃饱饭的工作，但他并不认为这就是自己未来要一直做下去的工作。他认为，人一定要有知识，只有知识多了，才能够干出一番事业。于是，他每天除了学习有关钟表的知识外，还购买了大量中学旧教材自学。这种学习一直坚持到他离开钟表公司。

正是在这段时间里，李嘉诚学习了大量的知识，让他这个外来人在英语使用率极高的香港做出一番事业，让他一度成为亚洲首富。

人的一生像在游泳，总有决定“游”或“不游”的时候。一个有信心的人，通常会把自己投向未知的领域，游向更开阔的水域去接受挑战。这种人一定能历经危险，吸取经验。反之，胆怯或害怕变化的人，只能躲在警戒线内，眼睁睁地看着别人超过自己。

马云曾经说过这样一段话：“公司现在有两万多名员工，但我从来没看过任何人的简历。因为简历中虚假的成分太多，念这么多年书，不能证明自己能干什么。我反而很喜欢那种自认为平凡的人，因为他们愿意去学习、去尝试。”

对于个人而言，机会到来的时候，我们一定要好好把握，要敢于接受挑战，去探索未知的东西。如果公司交给你一项任务，虽然会因此增加工作量，剥夺个人的时间，但你还是应该把握这个机会。假如公司有意把你调到外地，赋予重任，你就应该毅然接受，这对你总是有好处的。

成功的人通常在不断的探索中寻找机会、把握机会；不敢冒险探索，就很难得到成功的青睐。我们一定要保持一份勇于探索的勇气，去探索不同的领域。如果我们一味采取安全第一的态度，裹足不前，不敢去探索新的发展空间，必然会错过很多成功的机会。要知道，勇敢地探索新事物，可以发现新的机会，迈进从未涉及的领域，获得新的机遇，取得新的成就。人生原本是充满机会的，千万别因放弃探索而错过机会。

成功不是偶然，更不是意外

有些时候，我们会觉得某些人的成功是出于偶然，是恰巧赶上了某个时机。因此，我们把他们成功的原因归结为运气好，并以此作为自己失败的借口。实际上，成功存在必然性，必须具备各种成功要素才能取得实质上的成功。可以说，对于成功而言，没有运气，没有偶然，有的只是付出努力与空谈梦想之间的巨大差别。

相信每个人的学生时期，总有那么一两个同学，平日里看上去并不怎么用功，玩的时候跟大家一起玩，也没见一天到晚抱着书本啃，然而每次考试成绩都名列前茅。大家往往把原因归结于“脑子聪明”“运气好”，然而事实是，我们只看到他们与我们一起玩时疯的一面，却没有看到他们在课堂上聚精会神的一面。从来没有无缘无故的成功，任何成功背后都有其理由，这理由中从来没有“偶然”和“意外”这样的字眼。我们必须认识到，成功之路上最要不得的就是侥幸心理，任何想借偶然机会取得成功的人必将迎来失败的命运，而每一个成功人士在成功之前都付出过常人无法看到的努力。

作为《福布斯》杂志创办50多年来首位成为封面人物的大陆企业家，马云曾被选为未来全球领袖。但在他自己口中，他是“一个长相丑陋的‘外星人’，一个考了三次大学的‘笨人’，一个普通大学的普通教书匠，一个对电脑一窍不通的‘外行人’，一个曾被称为‘骗子’‘疯子’‘狂人’的特立独行者”。就是这样一个人，在经过短短几年的奋斗后，竟然一跃成为国内互联网界的风云人物和风光无限的世界IT名人，被誉为“下一个比尔·盖茨”。

许多人把马云的成功归结于机缘巧合，认为他赶上了国内电子商务发展的大潮。但事实上，马云凭借自己的努力抓住了国内互联网高速发展的机遇并取得了成功。这一切同样离不开他的充分准备和辛勤努力。

马云毕业于杭州师范学院，一所“名不见经传”的二流学校，比起出身名校的张朝阳、丁磊、陈天桥，马云的求学经历可谓一路坎坷。但就是这样一个人，却创建了一个中国乃至世界上最大的电子商务网站。这是为什么？这对于每一个教育者、教育管理者、家庭、学校和有着成功梦想的创业者，都是值得思考的。

1992年，英语教师马云和朋友一起创办了杭州最早的专业翻译公司“海博翻译社”，利用课余四处承接翻译业务。当时经营挺艰难，一个月的营业额是200多块人民币，可是房租就要700元。入不敷出的马云便背着口袋到义乌、广州进货，卖礼品、包鲜花，用这些钱养了翻译社 3 年才开始收支平衡。

后来，海博成为杭州最大的翻译社。“我一开始就认定一定会有需求，应该能成功。”马云如是说。

所以说，成功从来不存在偶然因素，即使有些时候它看上去披着偶然的外衣，但究其本质，还是坚持不懈的品质在起着决定性作用。芸芸众生，无不在追求着自己的理想，憧憬着成功，然而真正可被称为成功的人却寥寥无几，原因就在于这成功绝非偶然，在于那些不为人知的默默努力和付出。总而言之，成功没有偶然，更没有意外，有的只是付出才有回报的铁一般的定律。

无论何时何地，无论我们的梦想如何，必须牢记，只有量变才能引起质变。任何一个人，如果没有足够的付出，就不可能站在成功的终点。

用信念熬过黎明前的黑暗

2000 年，网络经济泡沫破灭，互联网企业陷入低谷。刚刚成立一年的阿里巴巴也遭遇了危机：业务额急剧下降、人心浮躁、人员流失，阿里巴巴在美国的办事处和国内一些地区的办事机构相继关闭。对于马云来说，这是最困难的时期，现实的打击、对未来的迷茫以及员工的不理解使得马云陷入人生低谷。一次公司会议之后，马云独自一人在长安街上走了一个晚上。

“互联网能走多久？”马云开始怀疑自己当初的想法到底切不切实际。在这个互联网经济最冷的冬天，有很多人都觉得阿里巴巴不可能走下去了，那时的马云真的可以说是“压力山大”了。

然而马云最终撑了过来，在他的字典里没有“投降”两个字，马云对员工说：“坚持到底就是胜利，如果所有的网络公司都要死的话，我希望我们是最后一个死的。”

两个月后，软银的总裁孙正义向马云伸出援手，阿里巴巴起死回生。

黎明前的黑暗总是最难熬的。我们有时在一条路上不断地行走，走久了，走累了，走厌了的时候，可能会觉得脚下的路越走越狭窄，甚至到了山穷水尽的地步。而实际上，不是眼前的路太狭窄了，而是我们失去了最初的信念。

其实，许多时候堵死我们的不是路，而是我们自己放弃了信念。很多时候，只要坚信自己能走下去，面前就会出现无数条全新的路，并且最终会引领我们走向新的希望。只要我们的眼光不短浅，认识不肤浅，懂得人生有顺境逆境，那么一定会走向成功。

一支由 24 个人组成的探险队到亚孙河上游的原始森林去探险。由于热带雨林特殊的气候，这支探险队的许多人因身体严重不适而相继与基地失去了联系。两个月之后，他们当中的 23 人因疾病、迷路或饥饿等原因而不幸遇难，只有一个人创造了生还的奇迹，这个人就是著名的探险家约翰·鲍卢森。

在原始森林里，约翰曾患了严重的哮喘病，他饿着肚子在茫茫林海中坚持摸索了整整 3 天 3 夜。在此过程中，他昏死过去几十次，但心底强烈的求生信念使他一次又一次站起来继续抗争。就这样，生命的奇迹在坚持与摸索中诞生！

后来，许多记者争先恐后地采访约翰，他们问得最多的一个问题就是：“为什么唯独你能死里逃生？”

约翰说了一句非常有哲理的话：“世界上没有比人更高的山，也没有比脚更长的路。”

世界上哪有那么多的死胡同呢？当你认为自己走进了死胡同时，不妨回头看看，来时的路也许还在那里。只要你肯回头，就还有别的选择。选择哪条道路固然重要，但比选择道路更加重要的是选择自己要前进的方向。只要方向是正确的，即便是一条看似走不通的路，在转角的地方或许也会有出口。

在现实生活中，每一个人面前的路各不相同，有的崎岖，有的平坦，这与个人的心态和社会的分工有着不同程度的关系。可是，再宽广的路也得一步步走，再狭窄的路也一直通向远方。

有这样一句话：上帝为你关上一扇门，一定会在别处为你打开一扇窗。生活总是一个意外接着一个意外，原本幸福美满的生活可能顷刻间崩塌；同样，原本走到山穷水尽的地步，也许出路就在下个转角处。任何人都应该发掘自己的潜能，在绝望中寻找希望，只要坚持信念，不忘初心，就一定能够找到属于自己的幸福人生。

第二章 团队思维

先经营人性，后经营事业

“失去阿里、失去淘宝没关系，只要我的团队还在，我就有信心再造奇迹！”事实确实如此，不管经历多少风吹浪打，马云自始至终展现出一个团队领袖对于团队无与伦比的掌控力和经营能力。

/“用人为墙，用人为城”/

“要找最适合的人，不要找最好的人。”这是马云在一次电视节目中谈及创业团队时说过的一句话。

如果我们把团队比作城堡的话，团队成员就是这座城堡最下面的石墙。在修筑石墙时，既需要巨石，同样需要碎石。当用巨石垒出石墙后，还必须用大量的碎石来填充巨石之间的缝隙，这些碎石的作用就是让整个石墙保持牢固。

就如同这些小碎石一样，每一个团队的内部肯定会有一些成员，其能力虽然不强，但却具备良好的个性，能够与周围同事融洽相处，并且对团队非常忠诚，愿意为团队的发展奋力拼搏、努力奉献。在有些团队领导者看来，这样的成员也许是一种负担，然而事实却并非如此。对于一个企业而言，雇用这类员工，从短期来看或许会给企业经营带来负担和损失，但是从长期来看，却有助于企业内部组织结构更加牢固，因此这样的员工对于企业而言同样是一笔巨大的财富。

所以说，任何一个企业或团队，既需要那些优秀的、有创意的成员，同样需要那些“小碎石”式的成员，所有人共同配合才能把工作做好。所谓“小碎石”式的成员，往往是那些勤勤恳恳、踏踏实实、不爱张扬的员工。这样的员工可能没有太突出的业绩，领导也并未太注意，但企业同样离不开他们。因此，管理者不能因为他们低调，就理所应当地忽略他们的成绩和存在，而应该一视同仁，像对待那些为企业做出突出贡献的下级一样用心对待他们。

马云的团队一直是非常合理的团队，既有吴敏芝这样的女强人，也有王坚这样的全才，还有陈伟这样连互联网都不会使用的人。不管是谁，都有自己的作用，陈伟虽然对公司的业务并不精通，对互联网也不了解，甚至连使用电子设备都非常困难，但他总是能够将马云的生活照顾得很好，并且能不断地总结马云的精神，将常人所见不到的马云的另一面告诉所有人。

一个团队只有确保每种类型的人都存在，才能健康稳定地发展。那么，一个团队当中究竟需要多少种类型的人才呢?

第一种，团队的中流砥柱。一个团队究竟是靠什么运行的，自然是人才。那些个人能力极强的人，能够独当一面的人，就是团队运行的基础。他们有些人组成团队运行的齿轮，有些人则是中央控制设备，负责将每个齿轮安排在合理的位置。如果一个团队缺少中流砥柱，那么即便是有深厚的基础和丰富的资源，也只能苟延残喘，不能继续壮大，也不可能再向前走一步。他们是团队当中最重要的人，也是组成一个团队最重要的部分。

第二种，团队的润滑剂。团队是一部机器，由无数的齿轮和零件组成，一部机器的运转要靠这些齿轮和零件，但是团队能够运转多久，就要看润滑剂了。长期的摩擦会使齿轮和零件受到损伤，最终导致其无法良好地运转，甚至分崩离析。因此，团队当中需要有人去协调各个部门之间的关系，保证各个部门之间的沟通，让团队这部机器能够正常运转起来。

第三种，团队的大脑。每个团队随着不断扩大，衍生的部门也会越来越多，大的团队会变成无数个小的团队，而协调、控制这些小团队的就是团队的大脑。如今，越来越多的企业意识到团队大脑的重要性并开始组建智囊团和智库，以保证大公司的正常运转。

那么，马云在团队当中究竟是哪一种角色呢？创业初期，马云是当之无愧的中流砥柱。马云和他的妻子在创业初期几乎负责了所有主要的事务。他从提出理念到面试团队成员，再到去找客户，每件事情都亲自负责。之后，马云成立阿里巴巴，之后阿里巴巴越来越大，部门越来越多，他就变成团队大脑。他来制定企业文化和正确的企业策略，将正确的人安排在正确的部门。正是基于马云的不断努力，阿里巴巴才能够发展到如今的规模。

团队润滑剂这个角色一直由马云担任。不管是初期的英语班，抑或是中国黄页，还是后来的阿里巴巴，马云一直与其重要成员保持着朋友关系。而对于普通员工，即便是无法面面俱到，马云也非常关心他们的生活。阿里巴巴内部不少人认为，关心员工是马云的爱好之一，因为他做这件事实在是太频繁了。

用人为墙，用人为城，即便是天赋异禀、才华横溢的英雄，也不可能靠一个人完成伟大的事业。一个篱笆三个桩，一个好汉三个帮，一座城堡是由无数人组成的，一堵城墙是由一个团队创造的。各种各样的人组成了伟大的团队，而伟大的团队才能让伟大的领导者发挥自己的能力，才能成就伟大的事业，马云的创业史就是如此。人们只看到马云的思想，看见他惊人的口才，却很少注意到他具有多么强大的亲和力。他身上的侠义精神和人文关怀，都是他能够创建一个伟大团队的根本，也是他能够将想法变成现实的基础。

/ 集体的智慧 /

在与员工们确立了发展目标和大致规划后，管理者就应放手让他们自己去尝试，从而启迪其心智，开阔其眼界，给其充分自由度，并充分相信他们自身的潜能。

每一个员工都是公司不可分割的组成部分，所有的决策都要由大家共同完成，但每个人又有可以自由发挥的部分。相互监督，独立成长，每个员工都是公司的主角，而不是集体项目中的配角和多余的人。同时，集体又会参与到经营管理的决策过程中去，以保证集体的活力，从而最终依靠集体智慧完成目标。

马云是个特别擅长依靠集体智慧的领导者，他的团队中可谓人才济济，不仅有各种高学历、高智商，能够独当一面的人才，还有很多在经营、管理方面有着自己独到见解的人。每个人都有自己的智慧，总能在不同方面起到巨大作用。

团队领袖只要善用团队的智慧，就能节省大量的时间，将自己的精力运用到其他地方去。马云的团队就是他的“数据库”，他并不需要记下所有的点子、知识，只要记住关键词，然后在“数据库”中检索，就能得到自己想要的答案。2008年香港菁英峰会期间，马云需要发表演讲。他非常不喜欢准备演讲稿，因为他过去尝试过使用演讲稿，发现有演讲稿还不如没有演讲稿效果好。会上，马云上台前10分钟才开始在一张纸上简单罗列自己的演讲提纲。准备提纲时，马云想用一句毛主席的诗，于是他发短信给自己的团队询问，诗中包含的关键字是水、两百和三千。时任阿里巴巴副总裁王帅给了马云答案："自信人生二百年，会当击水三千里。"第二天，这两句毛主席的诗词就出现在香港的各大媒体上。

团队的智慧非常重要，但要彻底发挥出团队的智慧，却不是一件容易的事情。很多企业建立过极好的团队，也在短时间内达到非常好的效果，但却没有长期保持下去，最终团队崩溃还每况愈下。马云是如何建立和使用团队智慧的呢？

第一，团队的智慧并不是某一个人的智慧。在一个团队当中，有智慧的人很多。只有将每个人的智慧结合到一起，才能被称为是团队的智慧。很多团队过于依赖某一个人的智慧，并在几次起到好的效果后，开始变成一言堂。在这种情况下，如果这个人某次无法拿出好的方案，团队的运行将会陷入停滞。

过度依赖某个人的智慧，会不断地助长他的野心。即便他是拿出方案的人，但实际上方案的细节也是需要整个团队补全的。过度让团队中某人的野心膨胀，那么他离开这个团队便是可以预见的事情了。

第二，团队领袖放开手才能有智慧出现。很多团队领袖存在一个问题，那就是将团队死死地抓在自己手里，却仍希望团队成员能够拿出独具一格的创意。这几乎是不可能的，人只有在有自主权的时候才能不断产生新的想法，一个人没有权利，处在一种被束缚、被禁锢的状态，那么他又怎么能自由地产生新的创意呢?

在阿里巴巴，马云有非常多副手，而他最看重的非王帅莫属。王帅是一位公关高手，经常会有一些别具一格又非常有效的想法。王帅在这方面的天赋不可否认，但这也离不开马云的培养。在刚刚接触公关工作时，马云就开始培养王帅。马云的培养方法就是让王帅独立负责一些比较艰巨的任务，并且从来不为他布置具体的工作，但也不是完全放手不管。他不会管王帅如何去做这件事，却会为这件事情划下底线——有哪些原则是不能违背的。

第三，因材施教，给每个人不同的发挥空间。每个人都有自己的能力，特别是在智慧这件事情上，深度和宽度是两个截然不同的领域。智慧上有深度的人，适合一直负责一件事情，他会因越了解这件事情而不断产生全新的想法，将一项工作推向新的高峰。而有些人的智慧是以宽度为主的，他们在做工作的时候会随着工作的不断完善而逐渐失去新的想法。面对这样的人才，就需要为他们转换角色，创造机会让他们焕发新的生机。

阿里巴巴如今的规模越来越庞大，不仅有淘宝网、支付宝、蚂蚁金服，还有雅虎以及曝光较少的客服部门和快递部门。马云总是能找到不同的人正确的使用方法，上一任阿里巴巴的 CEO 陆兆禧一直负责管理工作，一路从广东地区的负责人变成支付宝负责人、淘宝网总经理和阿里巴巴 CEO。如今他已经是阿里巴巴的合伙人之一了，但是他所负责的方向始终一致。陈伟一直是马云的贴身助理，而在刚刚担任助理时，他犯过很多错，但却始终在这个位置上。王俊凌在阿里巴巴换过很多个部门，但他更换部门不是因为做得不好，而是因为他已经在那里实现了自己的最大价值，而其他部门正需要借他的能力加以改变。王帅也是经常换部门，用马云的话来说，他们都是做什么就爱什么的人，放到哪里都能发挥出自己的作用。

集体的智慧必然比一个人的智慧更加强大，但是如果不能妥善地使用集体的智慧，那么就可能会出现一个和尚挑水吃，两个和尚抬水吃，三个和尚没水吃的窘境。组建一个智慧的团队并不难，如何运用集体的智慧才是真正的难题。

和谐的团队最有战斗力

成立团队的主要目的是让团队中的个人能够发挥比单人时更强的能力。每个人相辅相成，互相帮助，最终达到 1+1 > 2 的效果。但是，有些团队却没有达成这个目标，这些团队的成员相互掣肘，让每个人都无法发挥自己的能力。由此可见，团队成员的能力固然重要，但是能力之外的东西同样重要，一个团队的气氛必须和谐，不和谐的团队是绝对没有战斗力的。

2011 年 2 月 21 日对于阿里巴巴和马云来说是一个非常痛苦的日子。在这之前，阿里巴巴被查出有超过 1000 家供应商涉嫌造假，必须要给公众一个交代。阿里巴巴时任 CEO 卫哲和 COO 李旭晖引咎辞职。有人说，马云早在这之前就看卫哲不顺眼了。他和卫哲不对付，所以才处心积虑地要弄走他，不然的话，即便出现诚信危机，炒掉一个副总裁也足够，怎么可能连卫哲都要辞职。这次事件过后，马云的很多朋友也发出类似的疑问。其实，马云与卫哲的关系绝对不像阴谋论中传的那么糟糕。在卫哲辞职以后，马云和他的助理有过这样一段谈话："在战场上拼刺刀，手脚被人刺了一刀是感觉不到太痛的，而你要在家里砍掉一只手，那个痛……”这段话是马云私下说的，而这也最能代表马云的真情实感，卫哲的离去让他很痛。从感情上来说，马云不想让卫哲离开，但是从团队的角度来说，马云又不得不这样做。卫哲并不适合阿里巴巴，这才是马云让他离开的真正原因。从这次事件中，我们可以看出马云的一些用人标准。那么，究竟什么样的人在团队中是不和谐的。

首先，价值观不同的团队成员是不能留下的。价值观非常重要，大到公司、团队，小到个人，都有自己的性格，这个性格有时候是以团队领袖为主，有时候是以企业文化为主，不管是哪一种，一旦团队当中出现一个价值观和团队格格不入的人，势必要出问题。

卫哲的价值观与和阿里巴巴大相径庭。卫哲是个精英，这丝毫不假，即便是在人才济济的阿里巴巴，他也不比任何人逊色。不客气地说，是他将精细化管理带入了阿里巴巴，也正是因为他，阿里巴巴才能发展得如此迅速。但是，他的价值观是以利益为先的。2008年，阿里巴巴的股价出现持续下跌的情况，整个阿里巴巴都人心惶惶，只有马云不着急。马云认为，应该优先进行中小企业的扶植计划，一旦这个计划成功了，阿里巴巴的股价回升是水到渠成的事。在这种情况下，卫哲为了增加收入，将阿里巴巴社区入口从网页的中心位置放到边角处，而在原来的地方增加了一个广告位，这个广告位每年都能为阿里巴巴带来上千万的收入。

这件事情让马云勃然大怒，他第一次在夜里给卫哲打电话，也是第一次用非常严厉的口气和他说话，命令他马上将社区入口放回去。

其次，会在同一个地方跌倒的人，不适合继续留在团队里。每个团队建立的时候都需要一定的时间来磨合，而团队形成以后，新进的成员也需要不断地进步，不断地熟悉团队，才能成为团队当中可靠的一分子。但是，有些人成长得并不快，也有些人始终不能更好地融入团队，这些人总是犯同样的错误。小的错误犯上几次，而大的错误只要超过一次，就说明这个人不适合你的团队。

2011 年并不是阿里巴巴第一次出现诚信危机，早在 2007 年阿里巴巴就已经发生这样的事情了。当时，英国买家协会从阿里巴巴上的莆田供应商采购了一批商品，结果全是假货。于是，对方浩浩荡荡地带了 30 多人前来杭州向阿里巴巴讨说法。这件事情让马云非常震怒，虽然淘宝网因为经营方式的问题，百分百杜绝假货是不可能的，但这一次问题出得实在是太大了。卫哲并没有将这件事情放在心上，他认为 90% 的问题出在莆田，只要拒绝与莆田的供应商合作就好了。

这件事引起了轩然大波，毕竟阿里巴巴在福建的业务大多来自莆田。众多莆田供应商将阿里巴巴福建总部团团围住，有人好言相求甚至下跪，也有人扬言要砍死做这个决定的人。最终，假货的问题仍然没有杜绝。莆田的供应商找到了属于自己的出路，他们或是去了广东，或是去了浙江。卫哲没有因此建立一个合理的减少假货的体系，他粗暴的一刀切方式让阿里巴巴在 2011 年再次遭遇诚信危机。

最后，团队中要拒绝“野狗”成员的存在。那什么是“野狗”？马云是这样描述的，那些业绩很好，但是没有团队精神，不讲究质量服务的人，就是“野狗”。他们留在团队当中，会给团队造成巨大的伤害，即便他们的业绩很好，也不能留下。那些服务很有质量，但是业绩差的成员，在马云的眼中就是“小白兔”。他们热情、善良，即便是暂时缺少能力，也会在阿里巴巴得到培训的机会。

和谐的团队才是最有战斗力的团队，如果不能让团队保持和谐，那么即便团队中人才再多，也会因缺少凝聚力而走向没落。团队凝聚力要靠团队中的每个人来实现，要保证团队拥有积极向上的价值观，保证每个人的力量都朝着一个方向去使，这让每个人才能超水平发挥，这才是成立团队的目的和意义。

“每个人都是主角”

“闻道有先后，术业有专攻”，团队的领导者只有重视每一个成员，才能得到“众人拾柴火焰高”的效果。它要求团队领导者增强“每个人都是主角”的意识，强化“每个人都是人才”的观念，确立“每个人都是要素”的思想，即便是一个不起眼的成员，也要给其足够的“用武之地”，激发其内心的主人翁精神，发挥其不可或缺的作用，努力凝聚团队力量。

每个人都是主角，这句话看似有些自大甚至狂妄，但实际上，这句话却无比真实。每个人都有成长的过程，而在真正认识世界之前，每个人都将世界看成是自己的。所有的东西，只有两个范围，那就是“我的”和“其他的”。这段时间就是每个人最有主角意识的时间。过了这段时间，人们开始更多地认识这个世界，开始明白我们不是世界的主宰，不是世界的中心。即便是属于我们的东西，例如我们的父母，他们也是别人的子女、配偶，如果有兄弟姐妹的话，他们也还是其他人的父母。人越是长大，就越是缺少主角意识，面对越来越多比我们更强、拥有更多的人，会情不自禁地退让，把自己放在配角的位置。

我们为什么不能是主角？至少，在自己的人生中，我们是当之无愧的主角。既然我们可以成为自己的主角，那能不能继续努力，在其他的地方也成为主角呢？如果我们努力工作，业绩超过了所有人，到那个时候，我们甚至可以成为部门的领导，成为整个部门的主角。当我们有足够的实力出任一家公司的 CEO 时，就会是一家公司的主角。我们是有机会在自己人生之外的地方出演主角的，而我们所欠缺的，也许只是能力，只是机会，只是信心而已。

每个人都需要有主角意识，主角意识对于一个团队来说有着极大的好处。只有那些拥有主角意识的人才能勇于承担责任，才能不断地寻求新的想法，突破自我，和团队一起前行。而那些没有主角意识的人，只能够成为配角，配合主角们行动。

配角固然重要，没有绿叶就衬托不出红花的美丽。但是如果没有主角，这个团队只能固步自封，永远不可能前进。前进，并且比独行时前进得更快，才是成立团队的根本目标。不能前进的团队，也就是只有配角的团队，是没有存在意义的。

主角意识是非常重要的，团队成员如果缺少主角意识，我们就要为其培养主角意识。一旦每个团队成员都能将自己当成是团队中的主角，那么在正确价值观的驱使下，团队的力量势必会更加强大。

正确的价值观是团队能够不断前进的基础。一个有主角意识的团队成员，能够为团队带来巨大的前进动力，而如果没有正确的价值观作为基础，那么他能为团队带来多大的动力，也就能为团队带来多大的阻力。例如，当某人的意见在会议上被否决时，拥有正确价值观的人就会再接再厉，让自己变得更加优秀，以便下次拿出更好的意见。而如果没有正确的价值观，他就会认为自己被针对了，是有人刻意与自己作对，否决自己的意见。

阿里巴巴很早就成立了自己的培训机构，为阿里巴巴保证了人才储备。马云深知，培养主角意识是非常重要的，因此他会为所有参加培训的新人讲一堂课。在这堂课上，马云不会为他们画饼，不会告诉他们只要努力就能够在阿里巴巴获得常人所得不到的机会。正相反，马云会告诉他们，在阿里巴巴会遭受更多的委屈，会有更大的压力，而且阿里巴巴不会承诺你丰厚的待遇。马云要让所有人明白，如果不想承担压力，只想当一个配角，是不可能在阿里巴巴获得成功的。只有那些能够承担大任的主角，能够抗得了压力、受得了委屈、不断前进的人，才能脱颖而出。

那些能够历经风雨而不倒的树苗才是真正的好苗子，那些将天空当成目标的树苗才能成为参天大树。马云会培养团队成员的主角意识，却不用培养自己的主角意识，因为他早就将自己当成生活的主角了。1997 年，马云的中国黄页因为强大竞争对手的介入，只能和对方合作。自己的公司付出了那么多努力，刚刚有起色，却又要拱手让人，这让他沮丧无比。

当时马云在美国，他走进了一座教堂，牧师正在布道。牧师做完祷告后，开始朗诵丘吉尔的演讲。这段演讲体现丘吉尔永不放弃的精神，即在困境中也要不断追求胜利的精神。演讲深深地激励了马云，他认为自己在这个时候遇到这位牧师是上天的旨意。从那以后，马云不再迷茫，也从未想过放弃，于是才有了阿里巴巴。

主角意识就是这样强大，不管在任何时候，只要你具有主角意识，世界上的一切都会为你而存在。所有的东西都能够激励你，所有你没有的东西都能成为你的目标。你的野心会不断膨胀，你永远不知道放弃是什么，也不会因一点挫折而感到疲倦。当世界上所有的花都在为你盛开时，你会发现世界远比你认识的更美丽。

没有完美的个人，只有完美的团队

我们之前不断地强调，想要让团队得到长远的发展，就要将自己当成团队的主角。但把自己当成主角，不代表目中无人，更不代表唯我独尊。越是有主角意识，就越要明白，个人与团队之间没有谁为谁服务的说法，团队与个人之间是相辅相成的。

个人能力的提升，如果用对了方向，就可以让团队的力量得到提升。而团队能力的提升，自然对个人也是有帮助的。一个人不管多么强大，他的力量也是非常有限的。成就一番伟业，绝对不是一个人就能够完成的。巴菲特在中国被称为股神，在美国被称为先知。他充满智慧，总是有超越他人的眼光；他异常勤奋，几十年如一日地阅读各大公司的财报。即便如此，巴菲特仍然需要一个团队来帮助他。马云并不是个完美的人，所以他非常明白团队的重要性。他的团队中有各方面的人才帮他弥补自身的不足。

我们可以成为团队中的一分子，因为我们并不完美。但是，我们也要有鲜明的自我，如果没有鲜明的自我，那么即便你是团队中的一分子，也毫无意义。我们要成为团队中的一颗螺丝钉，更要明白自己的位置在哪里。如果你和团队中的其他人一样，那么你存在的意义就没有那么突出。你只有保持了鲜明的自我，才能发挥作用。马云就非常清楚自己的定位。

有人问过马云一个问题："马总，如果你犯了一个非常明显的错误，那么在阿里巴巴中有谁能够制衡你呢？"

马云马上给出了答案："第一，如果我犯了一个明显的错误，那么公司当中没有人能够制衡我；第二，制衡我这件事情没有任何意义，即便我的决定错了，其他人也要坚定地去执行；第三，你们所认为的错误并不一定就是真的错误。"

事情的确如此，你处在你的位置上，就要发挥你的特长和独有的本领。如果你缺少特点，那么你的位置谁都能坐。你只有成为那个独特的、无可替代的人时，团队中才有你的位置。否则，你将很快被取代。

那么，怎样打造一个完美的团队？

首先，需要众多有能力、有个性的人。有些人说，团队成员只需要有能力，并不需要有个性，个性只能让团队变得不稳定。这种说法是错误的，甚至可以说是极端的。每个人都有属于自己的天性，我们也称之为人性，这是无法抹杀的。任何对抗人性的行为，最终都将被人性所击破。压抑人性，人将丧失最宝贵的东西，那就是人类独有的创造力。正是这种创造力，让每个人显得格外宝贵。

当团队进行头脑风暴时，团队领袖往往会希望每个人都有独到的创意。如果每个人的个性都一样，他们拿出的想法也是一样，这样的头脑风暴就显得毫无意义了。我们能做到的就是让团队成为完美的团队，而不是让团队变得像个完美的人。

其次，团队成员可以有个性，但团队纪律不能有个性。打造一个完美的团队，规则是必不可少的。想要让团队成员拥有个性，就不能有太多的束缚，但是绝不代表没有束缚。很多世界知名企业都一改过去要求同意着装、工作时禁止吃东西的规则，甚至还开放了工作时间，一天之中只要你能够完成所负责的工作，就可以自行选择工作时间，这样可以保证团队成员拥有自己的个性。但即便是再自由的公司，仍然有自己的规章制度，缺少了规章制度，公司将向着无序的方向发展，甚至会因种种不可控因素而朝未知的领域奔去。

最后，客户也是完美团队的组成部分。例如，阿里巴巴先后几次遭遇诚信危机。有人会觉得是因为阿里巴巴对这些事情睁一眼闭一眼，否则对方卖的是不是假货、有没有工厂，阿里巴巴怎么能不知道呢。实际上并非如此，阿里巴巴在寻找客户的时候，对于大型经销商是有严格审核的。可惜那个时候，道高一尺，魔高一丈，造假的经销商会临时让工厂中所有的工人换上正规的制服，伪造好一切来迎接阿里巴巴的审核。

如果拥有足够质量上乘的客户，那么团队将会减少很多麻烦。将客户当成团队成员来进行筛选，势必会得到很多优质的客户。如果不加筛选，就同选择了错误的团队成员一样，虽然会让我们在开始有一些好处，但时间长了绝对是有害的，而且时间越长，害处越大。

马云非常重视客户，并且拥有大量优质的客户。2014 年，阿里巴巴在纽约证券交易所敲钟上市。当时，完成敲钟这一神圣使命的并不是马云，也不是融资方，更不是阿里巴巴的高管。敲钟的 8 个人是马云一手选出来的优质客户。这些客户中，有朴实的农民卖家，有创业的前奥运冠军，还有漂洋过海将美国的水果卖到中国的农场主。正是这些人，成为马云完美团队的一块拼图，没有他们，也就没有阿里巴巴。

世界上没有完美的个人，但是加入或者打造一个团队却可以弥补个人的不足。想要获得成功，那么就朝着成为完美团队的一员而努力吧。

批评的艺术

没有规矩，不成方圆，任何一个团队都要在不干涉成员成长、保持成员独立性的情况下建立完善的规矩。这些规矩能够减轻团队领袖管理团队所耗费的精力，减少可能出现的问题。对于那些触犯规矩的团队成员，适当地批评是必要的，但是又不能太过于严厉或不近人情。既要保持团队成员的积极性，又要让他们知道规则是必须遵守、不能触犯的。因此，我们的批评不能盲目，要讲究艺术。

处理人际关系一直是马云的特长，因此批评的艺术也是他所掌握的重要技能之一。他每次批评员工，都能让员工意识到自己出了问题，需要马上改正。而他每次夸奖员工，也能够让员工马上振奋精神，迅速地提升自己。鼓励人、夸奖人，说的是好话，没有人不爱听好话。但是批评的时候，说的就不是好话了。马云是如何做到让批评能被人接受，能被人重视，能够起到立竿见影效果的呢？

马云批评的艺术主要有以下三个方面，只要掌握了这个方面，那么就能让批评起到应有的作用，并将批评带来的副作用降到最低。

第一，批评是一种手段，而不是例行公事。当团队成员犯错的时候，当团队成员没有完成目标的时候，当团队成员触犯了规则，让团队承担风险的时候，这些情况都不能一概而论。有些事情是情有可原的，有些则是不可饶恕的。有时候，团队成员是好心办了坏事，有时候则是因为粗心大意。只要不是明知故犯，那么严厉的批评其实是没有必要的。批评是一种手段，如果每次不管大小事都批评，一方面会引起团队成员的逆反心理，甚至会认为自己被针对了；另一方面，批评的次数越多，效果越差。

我们要掌握批评的次数和频率，甚至需要严格为自己制定计划。只要没有发生超出底线的事情，在一段时间里批评团队成员的次数要被限定在一个范围内，否则批评将只有负面效应，而没有正面效果。

第二，批评的尺度要掌握好。批评人的话要有尺度。有些话会让听的人感到尴尬、羞愧，而有些话甚至能让人感到愤怒。针对错误造成的情况给予有尺度的批评，是批评的艺术中非常重要的组成部分，你的尺度代表着你对错误的重视程度。如果你批评的力度很大，而对方的错误很小，那么超出的部分就会转化成愤怒和委屈，难免会伤了团队成员的心。而如果批评的尺度很小，错误却很大，那么被批评的人会认为这件事情并不严重，就不会牢牢记住这个错误，也无法记得今天自己因什么而受到批评。

第三，批评要有基础，也就是丑话要说在前面。如今，社会的价值观在不断地转变，人情在社会中的分量越来越少，而契约精神越来越被人们所看重。所以，任何规章制度都要提前制定好，有哪些事情能做，哪些事情不能做，哪些事情该做，哪些事情不该做，都需要提前说明。如果团队中的某个成员犯了错误，这件事情你已经三令五申过了，那么这就是明知故犯，再严重的批评也不为过。而如果有些重要的事情你之前没有说，有人犯了错误，那其实该被批评的人是你，因为根源在你的身上。

淘宝程序员用自己编写的程序抢月饼的事情曾经闹得沸沸扬扬，马云的解决方案是将这些程序员全部开除。马云的做法让人们很不理解，不就是几盒月饼吗，从重处罚就是了，没必要开除吧。实际上，马云是非常看重这件事情的。就如之前所说的，每个员工培训的最后一堂课都是马云亲自上的，他在课上不仅告诉他们在阿里有付出才有回报，也告诉他们阿里巴巴最看重的品质就是忠诚。这几名程序员之所以让马云如此愤怒，就是因为马云已经告诉过他们能做什么、不能做什么，而他们还要明知故犯，甚至以身试法。

马云不常批评别人，因为他之前也曾被人批评过，甚至是在电视上，当着全国人民的面被批评。当时，名噪一时的成功学大师陈安之认为马云太过于狂妄、自大，甚至直接问马云：

“你家里的人就没教过你谦虚吗？”因此，马云很少去批评别人，他将批评的尺度拿捏得非常好。很少有人说马云会用训斥的口吻批评人，他的口才极佳，大多数时候会采用幽默、讽刺的语气批评人。一次，马云出差的时候，助理在机场拿错了他的行李，他也不过笑着说了一句：“愚蠢。”后来，再提起这件事情，马云用开玩笑的口吻说：“还好是上了车才打开的箱子，如果在机场打开，明天媒体就会说马云的行李在机场被查，里面装满了女性用品。”这种幽默的方式，让他的助理再也没有犯过类似的错误。

批评是一种艺术，我们批评他人，不是为了自己获得施虐的快感，而是为了让他人获得进步，避免类似的错误再次发生。在这个前提下，我们批评别人要以事实为依据，不能以身份压人，也不可心急。

第三章 语言思维

成功，除了要有头脑，还要有口才

2016 年 11 月 19 日，2016 世界浙商上海论坛在上海世博中心举行，作为“压轴大戏”，浙商总会会长、阿里巴巴董事局主席马云的讲话备受期待——刚才讲我“花言巧语”，其实花言巧语还是很重要的，不是你讲多长人家就愿意听，有的时候讲得越长，人家越烦你，少讲几句，讲到点子上很重要。

/ 演讲，不能一味地高屋建瓴 /

马云的口才好是众所周知的。马云擅长演讲，也喜欢演讲，他的演讲风格非常多变，用他自己的话来说，那就是没有风格。但是，马云在演讲的时候，一直有一件事情是非常注意的，那就是接地气。任何一次演讲中，马云都不会一味地讲高端的事情。

马云的演讲接地气到什么程度呢？他经常会语出惊人地说出一些听起来有点俗的话。马云在一次演讲中说："回到家最重要的是有一张好床，而床上有一个好人。"这句话乍一听很俗，但实际上又很妙。马云用这样的话告诉听众一个好配偶的重要性，也表达出自己对妻子的感激之情。

接地气是演讲中非常重要的部分，却不是每个人都能做得好。最重要的还是要把握尺度，接地气，也就是俗，一个不小心就会变成低俗。人们能够接受俗，那些又俗又有道理的话往往会让人会心一笑。而低俗则会让人不舒服，会对演讲者产生负面影响。如何将接地气这件事情做好，成为每个演讲者都需要注意的问题。

想要让自己的演讲接地气，首先要注意比喻的方式。各种修辞手法是演讲中必须具备的，只有这样才能让你的演讲变得不那么生涩，变得有趣。但是，在使用修辞手法的时候，要注意你说的东西别人是否知道。很多东西很高端、大气、上档次，你非常喜欢，想要告诉每个人，但如果你不能找到合适的对象来类比，那么你说了半天，对方的脑海中也不会出现一个清晰的印象，甚至根本不能理解你想要说的是什么。

接地气能够让演讲得到他人的信任。试想一下，如果你去听演讲，对方在上面滔滔不绝，你在下面一头雾水，即便你最后明白了他要说什么，你又能否相信他说的话呢？我觉得不能。任何一场演讲都是在向台下的听众传递你的思想和意识，要做到这一点，最重要的是让别人明白你想要表达的是什么。如果对方根本听不懂你在讲什么，那么你所说的都不过是空话、大话、假话。

那么，如何能够做到接地气呢？

第一，形容要恰当，要用所有人都知道的例子。如果你所想出的例子让台下的人听得一头雾水，那么你不妨使用更加简单的方式重复一遍。例如，你需要描述航天技术的时候，不妨利用自行车做个类比，虽然这两种东西没有什么可比性，但是听众能懂一点，总比一点都不懂要好。

第二，平凡人说出来的话远远比伟人讲出来的话更加接地气。这并不是说伟人所说的话就不如平凡人，但是很多话从平凡人口中讲出来，人们从心理上就更加容易接受，更会有接地气的感觉。例如，“要么当个聪明人，要么当个傻子，当这两种人都能非常幸福。如果你不聪明也不傻，那么你这辈子就只做一件事情好了。”如果这句话出自一位乡下木匠的口中，你会有一种非常接地气的感觉，会认为这是一种民间智慧。但如果这句话被冠上古希腊哲学家的名字，就会显得非常不接地气了。因为人们除了要去品味这句话之外，还要去思考这位哲学家到底是谁、他的主要思想是什么，最后才会去想这句话究竟想要表达什么。

第三，演讲所用的语言也要与时俱进，越是与时俱进，就越是接地气。人类的语言总是在不断地变化，随着时间的推移，新生事物会不断出现，新一代人的思想也会与过去的人大不相同。流行的语言日新月异，如果能够在演讲当中融入这些内容，那么势必会让你的演讲更加接地气。

演讲时，接地气是非常重要的，不管你要表达的思想有多么深邃，你的语言有多么优美，若你的思想不能很好地传达，那么这一切都是无用功。人们可能会钦佩你优美的语言，但是绝对不能因此明白你究竟想要说些什么。

演讲的准备并不是越多越好

每个人在学生时代都做过演讲，而在演讲之前，老师一定会告诉你要写演讲稿。在很多人心中，演讲的好坏，与演讲稿是分不开的。只有演讲稿准备得好，演讲才会顺利。于是，很多人在学校培养出写演讲稿的能力。但实际上，有了好的演讲稿，也未必能做好一场演讲。

马云是著名的演讲大师，有人说马云擅长“忽悠”，他的成就都是“忽悠”出来的。这句话并不正确，却是在某种程度上对马云演讲水平的肯定。马云演讲之前从来不写演讲稿。有人问过他为什么从来不写演讲稿，马云说他过去也写过演讲稿，但是写好演讲稿不代表能做好演讲。他拿着演讲稿，一行字就能读六个，演讲节奏完全不对，最后就放弃演讲稿了。如今，马云在临上台演讲前的十分钟才开始写，五分钟就能完成大纲，剩下的五分钟还可以去趟卫生间或者处理其他问题。短短的十分钟，马云就能做好一次演讲的准备，而其他的人准备上一个星期甚至一个月都做不好。

不仅马云如此，世界上很多演讲名家不会写非常详细的演讲稿，即便是有演讲稿，到时候也是以临场发挥者居多。这不仅体现了能力上的差距，更体现了认识上的差距。离开演讲稿就不能做好演讲绝对是错误的想法。

这么说并不是没有依据的，接下来我们将逐条分析原因，让你对如何做演讲准备有更加深刻的认识。

第一，演讲的过程不是一成不变的。演讲是一种现场的活动，并不像电视节目那样一切都是准备好的。现场活动就注定了有大量临时事件和意外情况出现。临场不同的情况注定了演讲的内容不能是一成不变的，否则就会变得不合时宜。

每场演讲所处的地点不同，因此演讲的内容也需要有变化。不同的演讲地点会让演讲者有更多的发挥空间，例如马云在北大演讲的时候就加入了大量关于北大的内容，让前来听演讲的北大学子更有亲切感。

第二，如果现场会接受提问，那么没有演讲就能更好地把握节奏。演讲并不是一个人的表演，任何一场精彩的演讲都少不了与听众的互动。尽管大多数时候互动的时间是可以安排的，但是总会有一些意外的状况，例如演讲的时间不够或者提问环节的环节被提前了。在这种情况下，如果事先准备好了演讲稿，那么就只能硬着头皮讲下去，或者舍弃掉一部分内容了。不管是哪一种，对于演讲节奏来说都是致命打击，会使这场演讲难以起到应有的效果。

第三，演讲稿最重要的作用是提醒，而不是通读。演讲之前的准备，更重要的是一种心理建设，能让演讲者在台上有足够的自信和气场，以便达到顺利控场的效果。如果只是通读演讲稿，那么要通过大量的训练才能有自然的感觉。

完全依靠演讲稿，是非常容易出错的，毕竟在演讲稿上，每一句话怎么说、每一个词怎么用是完全规定好的。朗读和说话哪件事情更容易？相信每个人心里都有定论。口才好如马云，也不能避免读错，所以不如凭借自己的口才，自如地进行发挥。

放弃准备完整的演讲稿是需要勇气的，而脱离演讲稿有优点，自然也是有缺点的。准备演讲稿最好的地方就是——能让你的演讲变得流畅，能减少你被卡住、站在台上默默无语的时间。任何一个人都会遇到这种情况，那么马云在面对这种情况时是怎样做的呢？

当马云没有想好接下来要说什么的时候，会做两件事情，第一是放慢语速，第二是重复刚才说过的内容。

放慢语速是掌控演讲节奏的重要方法，当你没有想好完成现在的内容以后要说什么时，不妨放慢自己的语速。这样做，不仅能够有更多的时间让自己思考接下来的内容，让观众跟上你的节奏并有时间来消化之前的演讲内容，还能让更多人听懂你演讲的内容。这样的演讲，即便有大量的术语，也能够让外行听懂，听得有兴趣。

重复刚刚说过的内容，并不是将一句话翻来覆去地说，而是换一种表达方式。一句话用不同的方式来表达，既能表明这句话是你演讲当中的重点，还能让刚才没有听懂的人有重新理解这段话的机会。

尽信书不如无书，演讲稿也是如此。脱稿讲稿是演讲的更高境界，也是更好的表达方式。想要做好演讲，不如双管齐下，在准备好演讲稿的同时尽量在正式演讲中税稿进行。

/ 获得听众的信任 /

世界上最容易被说服的人是什么人？是那些信任你的人。如果一个人对你有偏见、甚至是敌意，那么你要说服他所花费的力气是说服一个信任你的人的上百倍。演讲的目的是将自己的想法传递出去并获得他人的认同，这也是某种意义上的说服。所以，我们如果想在演讲中达到自己的目的，那就必须取得听众的信任。

马云虽然一直认为自己的演讲是没有风格、没有技巧的，但实际上，听众只要用心，就能从马云的演讲当中总结出一些他常用的方法。这些方法并不是马云的独门秘诀，而是众多演讲者会使用的方法。可以说，马云将这些方法运用得非常好。

想要取得听众的信任，那么首先要让听众产生亲切感。高高在上的神祇，你可能会崇拜，可能会敬畏，可能会害怕，但唯独不会产生亲近的心态。如果想让听众产生亲切感，那么就不能将自己放在一个高高在上的位置上。我们常说的套近乎，就是演讲者经常使用的方法。

不管是美国前任总统奥巴马、苹果公司 CEO 蒂姆 · 库克，还是广为人知的世界首富比尔·盖茨，他们演讲的开场白总是特别具有亲和力——要么是以如同问候邻居一般的问候开场，要么是以幽默的自嘲开场，不管是哪一种，总是能够让人情不自禁地产生亲切感。马云也是如此，他在讲述自己担任大学教师那段经历的时候，不断自嘲当时收入有多么低，自己的生活受到众多限制，就如同在坐监狱一样。讲到这里，众多在工作上不顺利的人已经能够和马云产生共鸣，开始对他产生亲切感了。

在接下来的时间里，马云会成为“自己人”，他所说的话的可信度将大大提高，我们不仅愿意相信他那些特别可靠的话，甚至有些离谱的内容，也会信以为真。即便马云在演讲时说他明天要改行造火箭，相信有人也会半信半疑，而不会将这句话当成是玩笑。

取得听众的信任，就要完善演讲的细节。如何才能将一个故事讲得和真实事件一样，这是每个演讲者都要学会的本领。很多演讲者的问题不是他们不能将故事说得像真的一样，而是很难将真实的事情说得像故事一样。想要编造一个真实的故事，我们经常说的“有鼻子有眼”就是最基本的技巧。也就是说，事情中的要素不可缺少，而且要细节化。如果是一件真实的事情，讲述者含糊其辞，隐去了事情发生的时间、地点、人物，单单讲述了事情是如何发生的，那么这件事情的可信度将会大大降低。而如果是一件完全虚构的事情，你却将事情发生的时间、地点、人物进行详细描述，甚至详细到人物的姓名、身高、年龄、穿着，那么听故事的人十有八九会相信。

当然，演讲并不是讲故事，这里只是用故事来做个例子。马云在演讲的过程中是非常注重细节的，他将能够数据化的东西统统数据化。他不会说中国的经济增长已经在小规模放缓了，只会说中国去年的经济增长只有 7%；他不会说因为其他国家政府的问题，我们销售到国外的手机有十分之一不见了，而会具体到 100 部手机中有 13 部不见了；他不会说未来几年，我们国家将以经济建设作为最重要的工作内容来抓，而是会将未来几年用五年或者十年来代替。正是演讲细节的精准度，让马云的演讲更加容易得到人们的信任。

限定题材的范围也是一种让演讲更加可信的做法。范围的限定指的是演讲中所举的例子究竟来自哪里，更指具体描述一件事情范围的大小。如果需要描述阿里巴巴公司究竟是个什么样子，叙述有几座楼、占地面积多少、有多么宏伟，并不会带来太多的可信度。让马云来描述的话，他会以门口的蒙古人雕像开始，为观众详细地描述公司中每座建筑内部的样子。虽然你没有去过，但是听马云的描述，必然能够被他所引领，一点点地揭开迷雾，从而对阿里巴巴公司有一个全面的了解。

演讲想取得听众的信任，就必须多用一些实际的例子。描述的事情永远不如实际的例子生动。仅靠描述永远无法让听众有一个具体的概念。例如，马云想讲述工匠精神，想告诉大家制造业需要多么认真才能做好时，不会又大又空地去讲述国外的先进技术，不会去讲述哪个品牌是如何精益求精，更不会去讲述日本所谓的匠人精神是如何传承的；他会告诉你，他在坐飞机的时候看见的地板是什么样子，这个地板来自瑞士，随后他会为你讲述他的瑞士手表的做工究竟有多么精致。正是这些实际的、发生在他身上的例子，能让听众对他的演讲产生信任感。

信任是演讲的基础，不被信任的演讲自然无法传递任何信息给听众。所以，想要让你的演讲成功，就要将获得听众信任作为第一标准，并且从头到尾地贯彻这一标准。

/ 善用幽默，慎用幽默 /

人与人之间是有距离的，这一点不可否认。即便是在桃花源中，已经达到路不拾遗、夜不闭户的境界，大家也没有住在同一间屋子里。人与人之间的距离是安全感的基础，如果人与人之间变得没有距离，那么也将失去安全感。如果想要取得信任，想要走进他人的私人空间，解除他人的戒备，幽默是最好的武器。

马云是个非常幽默的人，他的幽默并不是后天为了演讲而刻意练习的，而是与生俱来的，也成为他说服别人的一种巨大助力。马云早期英语培训班的成员之所以能在没有基础的情况下津津有味地听他上课，主要就是因为他在讲课时采用夸张的肢体语言和风趣幽默的授课方式。很多听过马云讲课的人表示，马云的夫人张英上课的水平其实比马云更高，但是大家就是更愿意听马云的课，并且在上课的过程中还不知不觉地提升了口语水平。

幽默还能帮助你缓解现场气氛，加深听众的理解。阿里巴巴一直不肯使用职业经理人，这让很多人不能理解。如果想讲清楚这件事情，势必会涉及大量专业术语，长篇大论是不可避免的。在一次著名的演讲中，马云使用了一个比喻，让任何人都能明白职业经理人和创业者之间的差异，以及他为什么不使用职业经理人。他说：“上山去打野猪，一枪过去没有打到野猪，马上扔下枪往山上跑的就是职业经理人，而创业者会掏出柴刀和野猪做最后的搏斗。”一个简单的比喻就能让大多数人明白他想要表达的意思。或许有人会说，马云并没有详细地阐述职业经理人究竟是什么，那么现场的听众明白了吗？其实，真正需要彻底明白的只是少数人，大多数人只要明白马云想表达的意思就够了。

幽默让马云的演讲有着别样的魅力，也让他有了朋友。可以说，马云能够获得成功，他的幽默功不可没。幽默拥有巨大的力量，是拉近人与人距离的最佳方法。但是，在演讲当中使用幽默要谨慎，要有底线，不然弊大于利。每个人都有自己独特的幽默方式，有的热情火爆、滑稽可笑，有些人则擅长使用冷幽默、冷笑话。演讲中，你可以使用任何一种擅长的幽默风格。但是，使用幽默的时候要注意场合。

第一，自嘲要适度。自嘲能够提高你的亲和力，快速和听众打成一片。马云也经常自嘲，并且自嘲的范围很广，从早期经历到个人问题，从交际问题到家庭问题。但实际上，马云自嘲归自嘲，却从不扮丑。

演讲者的身份和演员不一样，演讲也不是脱口秀。自嘲这件事情可以做，但却要有个度。如果无下限、无底线地自嘲，那么你的身份也就随之改变了——你不再是个演讲者，而是一个小丑。

第二，有些话题不能碰。国外的脱口秀中经常有些没下限的话题，这甚至可以说是其中一道靓丽的“风景线”。演讲可以幽默，但要始终遵循底线，遵循政治正确。

第三，不同的人群有不同的笑点。物以类聚，人以群分，这句话一点都不假。人们会根据教育程度、文化习俗、兴趣爱好等，自发地结成一些群体。这些群体是有共同点的，他们的笑点也非常一致。但是，其他群体的笑点对他们来说或许并不合适，有时候甚至是一种冒犯。例如，马云在大学演讲的时候，更多会谈未来、希望、大学生活、创业，其中的幽默也是围绕着这些话题展开的。如果他在企业家峰会上进行演讲，自然不会讲这些内容，特别是一些只有学生才能明白的笑点，很多保守且有一点年纪的企业家是完全不会明白的。而如果把企业家大会上的幽默搬到大学里面来讲，大学生们同样不会明白。

幽默是拉近人与人之间距离最好的武器，但是这把武器却是双刃剑。有时候不仅对自己没有帮助，还会带来伤害。我们在使用幽默的时候，一定要慎重。

/ 与听众一起欣赏演讲 /

俗话说“干一行，爱一行”，演讲算不算得上三百六十行中的一行呢？可能算，也可能不算，如果将春秋时期的纵横家与今天的演讲者相提并论，并不合适，也不准确。但是，这并不妨碍演讲者喜欢演讲这件事情。演讲这件事情本身就与其他事情大不相同，很多人从事自己所投身的行业，并不是因为喜爱，而是因为能够赚到足以生活的钱。但从事演讲这件事情的人，往往是发自内心地爱着这件事情，或许是因为喜欢站在讲台上挥斥方遒的样子，或许是因为有太多太多的话想要告诉这个世界。但不管是哪一种，喜欢上演讲这件事情是非常自然的。

喜欢演讲，自然也就会去听演讲，世界各大知名演讲家不仅经常阅读演讲和写作方面的书籍，而且会亲临现场去欣赏其他人的演讲，这不仅可以过一过耳瘾，还可以从中学到些新的东西，提升自己的演讲水平。那么，我们为什么不能欣赏自己的演讲呢？是觉得对自己将要说什么已经非常熟悉了，没有必要听了；还是从来就没有把自己放在听众的位置上听一听呢？

身为一个演讲者，想要不断提升自己的能力，那么就必须将自己放在听众的位置上，这才是提高自身演讲能力的重要窍门。《羊皮卷》作者之一、著名演讲《如何寻找自己》的演讲者罗素·康威尔在进行这个演讲之前，不断地将自己放在一个听众的位置去完善演讲内容。那么，关于这个演讲，他究竟做过多少次呢？是惊人的六千次。罗素·康威尔明白，每个听众都是活生生的人，他们有血有肉，有自己的人生经历，有自己的想法，每到一个地方进行演讲，他就会去当地各大商厦拜访他们的经理，去各大学校拜访校长，甚至会去商店和营业员交谈，只有这样他才能够真正地了解当地的风俗和文化，了解这个地方的人究竟是在怎样的环境下成长起来的。正因如此，他每到一处所进行的演讲总是不同的，总是能够抓住听众的心。他成为听众的一分子，而听众们则成为他演讲的一部分。

马云不是专职的演讲家，自然不能每次演讲之前都做大量的调研。但他也明白，如果自己是这场演讲的听众会喜欢听什么样的话题。例如，马云在北大进行演讲的时候，和当时的北大校长许志宏谈妥了，将光华管理学院的演讲厅改为阿里巴巴厅。在演讲的时候，马云就提到这个事情，他说："我认为阿里巴巴能够活到102岁，但万一阿里巴巴没有活到102岁，北大肯定没有问题。那么，至少阿里巴巴的名字还在。"这几句话不仅间接称赞了北大文化的源远流长，更表明自己非常看好北大的未来，在场的学生听到马云这样说，没有不开心的。

想要说让人喜欢听的话，那么赞美恐怕就是最直接的方式了。不过赞美这件事情本身就是非常有技巧的，如果赞美得不好，让人觉得是在拍马屁，反而会落了下乘，惹人不喜。那么，如何在演讲中赞美听众呢？其实并不难，想要用赞美让你的听众开心，简单总结起来就是四个字：真心实意。真心实意地赞美必须是具体的，不能是空洞的，更不能信口开河。赞美的范围越是宽泛，就越是不可信。在听过的演讲当中，居然有演讲家开口就说："你们是我见过最有智慧的听众。"这种话会是真心实意的吗？这种话是绝对不可信的啊！对于赞美别人这件事情，马云的看法也是如此。他曾经表示，赞美别人最忌讳的就是信口开河。所以，在演讲的时候，想要赞美听众，就必须从小处着手。想要称赞在场的听众都是帅哥美女，那么只有去艺术院校的表演系才合适，放在其他地方都可以说是虚伪的。面对大学生演讲，就不妨称赞他们的学校历史悠久、名人辈出，并且举出几个例子。针对城市市民的演讲，就要称赞人杰地灵，再举出两三样当地特产和几位当地的名人。这种落到实处的称赞并不花费太多时间，但却能起到极好的效果。

演讲者和听众的共同经历是听众最爱听的内容之一。如果想让听众喜欢上你的演讲，让他们迅速进入状态，讲述共同的经历是非常有效的方法，如果能够有一些地缘、亲缘上的联系就更好了。演讲时，经常有演讲者对听众表示，自己过去曾在这个城市生活过多年，这里堪称他的第二故乡。这种话很难考证，却会马上让在场的听众认真听演讲者究竟在这座城市里遇见过什么。

电影讲究让观众入戏，文学作品讲究让读者有更深的代入感，演讲也是如此。开场短短的几句话，就要让听众进入你想要让他们进入的环境当中，让他们跟着你的思路走。只有这样，你接下来要说的东西才能让听众全神贯注地听。所以，说让听众们喜欢且愿意全神贯注去听的话，是至关重要的。

第四章 超认同思维

使命、愿景和价值观是成就个人与组织的“三板斧”

阿里巴巴建立之初，马云就以他独特的智慧和方式领导并影响着这个巨大的“组织”。在一次采访中，马云告诉记者:“我虽没控股，但我控制了阿里巴巴这个团队。其实，我也没有控制团队。我永远相信一点，就是不要让别人为你干活。”在马云看来，每个员工和每个层级的领导者都应该朝着一个共同的目标和理想去努力，而他自己则以切实的行动影响着团队的每一个成员，也在很大程度上带动了企业文化的形成。可以说，马云独特的智慧使他拥有了无与伦比的影响力，并进一步赋予了他超强的领导力。

/ 一分钟都不能失去梦想 /

当地时间2014年9月20日，阿里巴巴在美国纽约证券交易所挂牌上市，股票代码“BABA”，发行价68美元，首日报收于93.89美元，较发行价上涨38.07%，以收盘价计算，其市值破2300亿美元，同时也以218亿美元的融资额创造了美股史上最大规模IPO的记录。从50万元人民币初创到企业上市市值达到2300亿美元左右，阿里巴巴只用了15年。上市仪式上，马云和高管观看了由阿里巴巴邀请的8名客户进行的敲钟仪式，并将带有阿里巴巴公司Logo的T恤赠送给在场的嘉宾，上面印着他亲自选择的一句话：“梦想还是要有的，万一实现了呢？”

“梦想”二字对马云有着非同寻常的意义，他在一次演讲中说过：“人可以十天不喝水，七八天不吃饭，两分钟不呼吸，但不能失去梦想一分钟。没有梦想比贫穷更可怕，因为这代表着对未来没有希望。一个人最可怕不知道自己干什么，有梦想就不在乎别人骂，知道自己要什么，最后才会坚持下去。”

对于阿里巴巴来说，马云不仅是组织者、带头人，而且是企业中每一个个体的精神支柱。一个企业的凝聚力不在于领袖本身，而在于领袖心中关于企业的梦想。一个优秀的企业领袖，不仅是一个优秀的梦想家，更是一个优秀的分享者，他要善于把自己的梦想分享给企业的每一位个体，并在这个梦想传播的过程中，逐渐建立起属于整个企业的梦想。

有人说，作为一个企业的领袖，不仅要卖产品，同时也要卖思想、卖梦想。一个人也许不能得到所有人的认同，但只要通过制造和传播梦想，团结一帮有相同价值观的人建立一个团队并形成一种文化，那么这个企业就离成功不远了。企业领袖要经常与自己的核心团队和骨干沟通，一是沟通企业未来发展的梦想以及实现这个梦想对团队的个人有什么好处；二是帮助骨干规划自己的职业目标，建立起自己的梦想，只有这样，他们在努力做事的时候才不会认为自己只是在为老板打工，而是把工作当作实现自己梦想的平台，从而激发自身潜能。

对于一个人来说，梦想是非常重要的，那么对于一个企业呢？马云用自己的行动诠释了梦想对于一个企业的重要性。其他的企业家同样遇见过企业梦想的问题，同样做出了自己的回应。

腾讯如今已是个庞然大物，可有多少人还记得，最开始腾讯的业务只有 QQ 呢？腾讯正是因为充满了梦想，不断创新，才能够在各个领域获得突破，取得成功。有人批评腾讯如今已经没有梦想了，马化腾则表示，腾讯的梦想是要成为各个企业之间的连接器，未来的企业只有拥有强大的合作伙伴，才能够互惠互利、合作共赢。

百度是世界上使用人数第四多的搜索引擎，在国内拥有不可撼动的地位。即便如此，百度也没有停下脚步，没有将所有的鸡蛋都放在搜索引擎这个篮子里。李彦宏为百度制定了全新的梦想，那就是做人工智能的领军企业。如果这个梦想能够实现，那么将不仅是百度的一大突破，更是中国企业的一大突破。

可见，梦想不仅能够成就人生，也能够成就企业。管理专家认为，企业领袖的首要任务不是别的，而是建造和传播企业梦想，制定企业战略。那么，如何去做一个善于制造梦想和传播梦想的企业领袖呢?

首先要学会高调地宣传自己和企业的梦想。企业领袖在传播企业梦想的时候，有的比较高调，有的则习惯低调，但在企业内部宣传企业梦想和文化的时候，他们都是不遗余力地高调。他们往往通过企业的内部培训、各种活动和刊物进行宣传和引导。例如，一些企业领袖会亲自写文章对员工进行引导，让员工知道自己在想什么，让企业形成共同的价值观、使命感。

其次，梦想不仅要让所有人知道，更要持之以恒地保持下去。任何一种梦想，如果只说过一次，那么这个所谓的梦想就只是用来让别人知道的。只有不断地提醒自己和一起走在路上的同伴们，让梦想始终存在我们的脑海中，成为是我们不可放弃的目标，梦想才能真正成为梦想。如果梦想不能持之以恒，那么谈论梦想也不过是一种表演罢了。

所以说，作为一个企业的领袖，不仅要制定企业的目标，还要把这个目标变成一种梦想，并且不遗余力地去传播它。传播企业梦想，不仅可以帮助企业领袖组建起属于自己的团队，还有助于增强他们自身的领导力，从而让每一个成员都对企业的未来充满信心。

/ 使命感是从哪里来的 /

什么是使命感？使命感就是责任心的升级。当一个人将自己需要肩负的责任神圣化并赋予更加崇高的意义时，责任就变成使命。对任何一家公司、企业甚至是一个团队的人来说，具有责任感是最基本的职业道德，而要将责任感变成使命感，就需要让员工认可企业文化、企业精神和企业正在做的事情，只有这样，责任感才能变成使命感。

阿里巴巴的信条是马云一手制定的："永不放弃，拥抱变化。"短短八个字，却将公司的两种状态完全传递出来。永不放弃象征着马云自身的拼搏精神，很多人认为马云的成功源于他的幸运，实际上马云的创业史是非常艰难的。不管是做一个月只有九十块薪水的教师，还是中国黄页，马云在中间都遇到过很多麻烦。人们只看到阿里巴巴的成功，却不知道马云的艰辛。找投资的时候，一次次被人说成是疯子，马云太过超前的想法根本不能被当时的人们理解。但正是因为经历过无数打击，马云才知道"永不放弃"这四个字有多么重要。

如果有人找马云签名，在没有人特别要求的情况下，马云一般写的都是“永不放弃”。这不仅是阿里巴巴公司的信条，更是马云坚定不移的人生信条。

马云之所以能够成功，是因为不管经历了多少挫折和迷茫，他都坚信自己能够成功，正是这种坚持让他得到升华，将责任感变成使命感。马云渴望将这种使命感传递给阿里巴巴的每一位员工，所以他在建立阿里巴巴的企业文化方面做了很多工作。

阿里巴巴的企业文化分多个方面，几乎每个方面都有属于自己的职能，用来将员工的责任感变成使命感。

首先，阿里巴巴最重视社会责任。2008 年，汶川发生了特大地震，就在举国上下都为汶川而哀痛的时候，马云正在莫斯科参加 ABAC 会议。地震发生的时候正是莫斯科时间上午 10 点 30 分，当时会议正在进行中。马云收到国内朋友发来的信息，马上打断了会议，表示自己的祖国发生了非常严重的地震，这也是汶川地震第一次在国际会议上被提及。

马云当天就以个人名义向灾区捐款 100 万，随后通知阿里巴巴的社会责任部询问情况。当得知灾区缺少帐篷的时候，马云马上下令购买所有能够买到的帐篷送到灾区去。在匆忙结束了会议以后，马云提前回国，一夜未睡。随后，马云向前往灾区的人打听情况，当得知情况并不乐观的时候，又设立了 2500 万的救助基金。

隔年，马云带着阿里巴巴的高管亲自前往灾区参加重建工作，选择在这个时候去并不是因为马云害怕，而是马云的好友李连杰曾在灾区参加抢救工作。他告诉马云，很多人的心理素质不强，并不能承担救灾的重任，到了以后被吓得只知道哭，还要受灾群众反过来安慰他们。于是，马云决定等到灾后重建的时候再去灾区。

2009年的春天，马云到了灾区，那里仍然有小规模的余震。马云彻底摸清了灾区的情况后，就在阿里巴巴开展了“乐橙青川”计划，员工们自行报名，利用自己的假期去灾区参加重建工作，一切费用也需要自己承担。马云亲自前往灾区的事情深深地激励了阿里巴巴的员工，报名人数众多，很多人从第一期就开始报名，直到第九期才有机会前往。这项活动至今已经开展了359期。

其次，员工是否重视企业文化，要看领导是否重视。很多公司的管理人员都有这样一个疑问，为什么公司制定的企业文化员工根本不当一回事儿。其实答案很简单，管理人员自己不当一回事，又怎么能指望员工认真对待呢？难道说企业文化只是为员工准备的？以身作则，才能将企业文化的精神传达给每个员工，才能让每个员工知道企业文化不是摆设。

阿里巴巴的企业文化之所以能够贯彻，能够让每个员工将责任当成使命，主要还在于马云自己起了带头作用。最典型的例子是在阿里巴巴十周年大庆上，马云提议举行一个“高管秀”，即公司所有的高管都要出节目，不能只让员工表演。马云是高管之一，自然不能例外。最终，马云的演出出乎了所有人的意料——舞台上的他戴着长长的假发、羽毛头饰和大墨镜，穿着朋克风十足的衣服，演唱了一首英文歌，将气氛推向最高潮。这恐怕是公司高管在公司年会上最出格的表演，也是最独一无二的表演。

榜样的力量是无穷的，如果所有的员工都不拿企业文化当回事，所有的员工都只有职业道德范围内的责任感而没有使命感，那么问题一定出在管理人员身上。

最后，企业文化要独特，要坚定。只有不可动摇的内容才能真正成为企业文化，而长期保持的企业文化才能让员工的责任感升华为使命感。必须要有一个标志代表整个企业，让员工们时刻牢记着他们究竟是在为什么而奋斗。

阿里巴巴的园区门前有一个巨大的裸男“蒙古人”雕像，当这个雕像刚刚出现在园区门前的时候，很多员工觉得不能理解，甚至认为在大门口放个裸男有点丢人。马云将这座雕像放在门口的时候，也没有想过有什么意义，只是觉得放在这好看，如果大家不喜欢就换掉。让马云没有想到的是，员工们很快就对雕像的寓意有了自己的解释，甚至最后将阿里巴巴的企业文化都涵盖其中。马云对此哭笑不得，但却没有阻止员工们的行为，因为他知道，这个雕像通过种种解释，已经成为阿里巴巴企业文化的代表。果不其然，到了年底，所有的员工都喜欢上了裸男雕像，缩小版的裸男雕像甚至还成为员工们最喜欢的小礼物。

使命感是企业文化不断传承、不断凝聚、不断实质化的产物。想要让企业员工拥有使命感，那么就必须建设强大的企业文化，将企业文化落到实处。

/ 企业价值观的最高境界：精神图腾 /

2017 年 3 月，马云在湖畔大学的课堂上再次提出自己对于企业内部人才的分类观。在这之前，阿里巴巴对于员工的考核指标中一直包含“价值观”这一项，并由企业管理层根据员工的表现来判定，其中包括勤奋、工作态度、对公司文化的认可度等。根据业绩和价值观的表现，阿里将员工分为三大类：

野狗：个人能力很强，业绩也非常好，但是价值观不行，团队配合度差，比如经常抱怨公司文化。马云认为野狗对企业危害很大，必须彻底清理掉。

小白兔：非常听话，又热情，又善良，价值观强，但是业绩很差。马云认为小白兔要毫不留情地淘汰掉，企业必须以业绩和利润为核心，不是救济中心。小白兔越多，说明企业的整体战斗力越差。

猎犬：价值观与企业文化高度一致，同时业绩能力也很出色，这是马云重点培养的人物。当年，张勇和彭蕾都是优秀的“猎犬”型员工。

在马云看来，阿里的管理目标就是通过优胜劣汰，不断沉淀优秀的“猎犬”。创立至今，阿里一直是业绩主导型的企业，从B2B时代开始提出“销售铁军”的概念，到后来淘宝、天猫和支付宝的迅猛发展，都需要员工不断地攻城略地，拼销售，拼业绩。在这个过程中，阿里团队必须不断地淘汰“野狗”和“小白兔”，留住“猎犬”，让整个团队统一思想、步调一致，那么马云是如何做到这一点的呢？

答案显而易见，就是通过企业“价值观”的推广和筛选。而这种用某种具体的概念去代表企业价值观，并且使之深入每一个企业员工内心的做法，其实就是在建立企业“图腾”。从本质上看，企业图腾是一种企业价值观更高层次的追求。用通俗的语言来说，企业图腾就是把企业的目标、梦想以及未来蓝图上升到一个更高的精神高度，即信仰的高度。

这种用信仰和图腾来体现企业价值观的做法相当普遍，比如华为的任正非关于“狼性文化”的表述，就是要求员工像狼一样执着、合作、目标明确。

对于企业领袖来说，要想建立起属于自己的精神图腾，必须具备独特的商业智慧，洞悉企业发展的内在规律，并能够形成自己独特的表述。否则，人云亦云，不求甚解，追求形式，只能落入“附庸风雅、邯郸学步”的可笑境地，企业也不可能真正建立起让员工信仰并膜拜的图腾。那么，如何塑造企业图腾呢？

首先，企业领袖一定要明白，企业图腾是一种信仰，需要不断强化和传播。实际情况表明，在一个企业之中，建立一种图腾层面的信仰很难，虽然很多企业领袖都希望如此。因为信仰要求不仅要“信”，还要“仰”，要成为一种超越物质的精神追求。在这个过程中，必须牢记的一点就是：一个企业的企业文化离图腾越近，其凝聚力就越强，执行力也就越大。

其次，建立企业图腾需要寻找一种象征，结合企业家自身的个性，深刻挖掘两者的相通之处，并对其进行深刻表述。不仅如此，企业图腾其实完全可以超越具体事物的概念，转向更抽象的方法和模式。比如，著名的惠普之道已经上升为一种企业图腾的概念，其核心就是“以人为本、创造价值”；杰克·韦尔奇把“数一数二”“无边界管理”上升到企业信仰的高度，成为公司做人做事的基本准则。这些做法都是值得我们去学习和体会的。

最后，精神图腾要做到如同真正的图腾一样，即便没有具体的载体，也要能够让员工时时牢记。很多企业都明白这一点，都知道要让企业的精神图腾被员工牢记，但他们所使用的方式是早晚带领员工集体喊口号，集体跳公司编排好的、冠上各种名义的舞蹈。这种行为的确会让员工记住企业的文化和精神图腾，但却是一种让人厌恶的方式。

总之，企业领袖必须明白图腾对于企业的意义，它所代表的是企业的核心竞争力。把自己对企业的目标和期望升华为一种文化、一种图腾，对于每一位渴望成功的企业领袖来说，都是一种无法抗拒的诱惑。身为领袖，在带领企业前行的道路上，一定要思考如何运用建立图腾的方法去激发成员的潜能。

/ 人们不会追随一位连自己要去哪里都不清楚的领袖 /

领袖，字面意思最开始指的是领子和袖子，逐渐因其在服装上特殊的地位而被引申为领导行为，进而引申为领导人。袖子是手臂所在的地方，而领子是头所在的地方，头是用来思考方向的，而手臂是用来指引方向的，因此领袖最根本的意思是有足够的影响力指引他人方向的人。那么，简单来说，领袖最重要的意义就是用来为其他人指引方向，但是如果领袖连自己要去哪里都不知道呢？

每个人来到这个世界上，都有茫然的时候。或许是在青年的时候，或许是在生活遭遇变故的时候，或许是在突然失去理想的时候。这个时候，人们如果想要获得更好的生活，就必须为自己确立一个目标。绝大多数人能够拥有自己的目标，但却不能找到通往目标的那条道路。于是，人们集结在一起，选出那个最有经验、最可能找到正确道路的人，追随他的脚步前进，这个人就是领袖。那么，一旦这位领袖自己也迷失了方向，跟在他身边的人离开他也就是一件自然的事情了。所以，回到刚才的问题，连自己要去哪里都不知道的领袖，自然是没有资格被人追随的。

做一名合格的领袖，首先就要找到自己的方向。只有你确定了方向，才能带领其他人。但是，只有你自己知道要去哪里并不够，还需要让追随你的人相信你的方向是正确的，相信你所选择的道路是一条踏踏实实的路。

那么，如何做到让其他人愿意追随你，愿意走你选择的道路呢？

第一，不要只告诉他们最后能得到什么，而是要告诉他们每走一步能够获得什么。在人情越来越淡薄，契约精神越来越被重视的时代，吸引其他人为你服务的是什么呢？你所选择的道路又能为他们带来什么呢？这件事情是每个追随你的人都想知道的。很多团队的领袖在这一方面做得很不好，他们永远都不会和你谈具体的事情，只会给你画一张又一张的饼。甚至有人总结出老板忽悠员工常用的话，什么“将来公司做大了，肯定不会亏待你”，什么“现在公司的情况也不好，但是你的功劳公司不会忘记的，将来有一天……”这种话说起来轻松，似乎什么都不用付出，但是听到这些话的人并不会那么开心。他们可能不想一直呆在一个只会“画饼”的老板身边，赌将来公司做大了还会记得自己今天的功劳。

马云从来不“画饼”，甚至在“画饼”这件事情还没有被人们识破的过去，也从不做这件事情。他从来不吝啬对员工的物质奖励，每任阿里巴巴的CEO，在有足够的工作年限，退下位置的时候，都会成为阿里巴巴的合伙人。

如今，阿里巴巴的福利已经非常完善，阿里巴巴有定期的员工日，员工可以带家属来参观，每个月还有免费的按摩和针灸。这让每个在阿里巴巴追随马云的人尝到了甜头，相信自己没有跟错人。

第二，企业领导者可以走错路，但是不能走歪路。这个世界上，有没有从来没有走错过路的人？可能有，但至少我没有听说过。任何一个人都有过走错路的经历，这是非常正常的。一家公司走了错路，会有损失，但遭遇灭顶之灾的概率也是比较小的。走歪路就不同了，一旦走上一条歪路，就如同埋下一颗灾难的种子，不管现在收获了多少不义之财，总有一天会遭遇崩盘的。因为歪路从来都不是一条正确的道路，是不可能带领人们得到想要的结果的。

马云有没有走歪路的机会？自然是有的，而且数不胜数。阿里巴巴上市以后，全球金融危机爆发，阿里巴巴股价持续下跌，用马云自己的话来说："也没剩下几块了。"阿里巴巴所有高管都心急如焚，想出不少增加收入、稳定股价的办法，其中不乏一些竭泽而渔、杀鸡取卵的方法。这些被马云否决了，他表示，只要阿里巴巴扶植中小企业的计划能够成功，那么阿里巴巴就有了坚实的群众基础，股价上涨是早晚的事情。马云没有走歪路，他选择了一条缓慢但又踏实的路。从结果来看，马云无疑是成功的，他没有急功近利地追求一时的成绩，而是将眼光放得更远，放在一条能够让他实现目标的道路上。

第三，领导者的指引作用，除了指，还要引。指引虽然说是一个词语，但实际上是两个字，除了有指向之外，还有引导的意思。一个合格的领导者，一个值得追随的领导者，除了指出正确的方向，还需要对那些能力并不强的人做出引导。并不是每个人都有足够的天赋，当你指出方向以后，就能亦步亦趋地跟上领导者的脚步。有些人的能力并不强，但却有足够的潜力，这样的人才如果因缺少引导而掉队，那么对于一个领导者来说，无疑是巨大的损失。

阿里巴巴是马云一手带出来的，马云非常注意对年轻人的培养，并开设了培训班，专门用来培养公司的骨干员工和高管。马云一直在做着指引的工作，即便是他辞去了 CEO 的职位后，仍坚持为风清扬班上课。

如何做一个让人心甘情愿追随的领导者呢？要有正确的方向，要能够为其他人做出指引，这才是一个真正值得人们追随的领导者。那些找不到自己的方向，做不出指引的领导者，是不值得被人们追随的。在抱怨身边志同道合的人越来越少、其他的人对你缺少忠诚的时候，不妨先看看自己是否做好了一个领导者应该做的事情，是否是一个值得追随的领导者。

做一个谦虚的领导者

在中国的传统文化中，谦虚一直是一种美德。任何一个小学生，都能说出“骄傲使人落后，谦虚使人进步”这样的格言。谦虚是一种态度，是让人继续前进的重要动力，也是赢得他人好感的重要因素。在你的亲人面前，在你亲密的友人面前，你可以骄傲，让他们为你欢呼，为你喝彩。但是在别人面前，哪怕他们是你的员工，你也不应该骄傲自满，因为只有足够谦虚，你才能从他们的身上获得自己所没有的东西，而这些东西正是你建立团队的基础。

马云一直是个非常谦虚的人，他从不在意自己的缺点被曝光，更不因自己今时今日的身份、地位而傲慢。即便是假设性的问题，他都会认真地想，认真地回答。一次，马云接受中央电视台的采访时被问道，如果你在一夜之间失去了所有，你还能否追上现在的年轻人。事实上，遭遇过这件情况的企业家并不少，任正非 44 岁时才还清欠款，而如今华为已是世界级的大品牌。娃哈哈的创始人宗庆后 42 岁时才真正开始创业。如果以马云现在的年龄从头再来，相信也不会太糟糕。但是，马云给出的回答却是，我比不上现在的年轻人。他表示，自己的才能远远不如现在的年轻人，但是自己同样有自己的优势，那就是长达 50 年的经验。

马云不是成为领导者以后才开始谦虚的，而是正因为谦虚，他才能成为一个成功的领导者。创业期，马云几乎做过公司里每一项工作，包括推销。那个时候，经常有人看到马云在路边和人侃大山，只为了别人能够用他的中国黄页。凭借着这种精神，中国黄页才能不断地做大、做强。马云开始做阿里巴巴的时候，四处寻找投资，却没有人肯拿出钱来投给他。最终，孙正义慧眼如炬，投资了阿里巴巴。有人问孙正义，为什么看好别人都不看好的马云。孙正义表示，虽然马云在商业上的见解大多是错的，但是他极具领导风范，又谦虚。那些他没有的东西，他很快就能学会；而他有的东西，却不是别人能够学到的。由此可见，谦虚是马云能够成功的重要因素之一。

那么，谦虚究竟有怎样的好处呢？

第一，谦虚能够让你知道很多平时不知道的事。这句话说起来有点拗口，但实际上就是如此。每个人都有自己的生活圈子，都有属于自己的生活阶层，这是由受教育程度、生活习惯、生活地区和年龄等多方面因素决定的。单单生活在一个圈子里，一个阶层里，眼光和思想都会不断固化。身为一个领导，在做决定时必须要面面俱到，必须将所有人都考虑到，如果仅凭自己的想法就做了决定，那么这个东西并不能面向你所有的客户。

口碑网是阿里巴巴旗下一家关注本地生活的互联网服务平台。在做口碑网的时候，总是因为众口难调而无法确定产品的设计。马云给出的答案就是谦虚，越是想要人人都用上口碑网，那么就越要将产品做得非常简单，做到每个人都能使用，都会使用。正是抱着这种心态，口碑网吸取了很多根本不会上网的人的意见，最终做出一个令人满意的产品。

第二，谦虚能让你获得好人缘。没有人会喜欢一个与自己没有利益关系的人在自己面前夸夸其谈，即便这件事情是真的。下级在上级面前夸耀，总是展现出自己比领导还要强的样子，那么就距离“穿小鞋”不远了。我曾经听过这样一件事情，某公司的销售人员业绩斐然，经常在公司中向他的上级夸耀自己的成绩以及丰厚的收入，引起领导的不快。领导随后处处给他“穿小鞋”，他一怒之下辞掉了工作。为了羞辱领导，他为在同一家公司工作的妻子买了一辆比领导更好的新车，结果没多久妻子也被开除了。为了逞一时之快，遭受无妄之灾，实在是太不值得了。

上级向下级夸耀，同样不是一件好事。任何一家公司，最重要的组成部分不是领导，而是基层的员工。如果在一家已经能够正常运转的公司里，所有的领导都消失了，公司仍然能够照常运作一段时间。而如果所有的员工都不见了，那么这家公司当场就会崩溃。领导向下属炫耀，这不仅是一件惹人讨厌的事情，更是一件非常无聊的事情。向职位比你低、收入比你少的人炫耀你的生活，就像老虎跟兔子炫耀自己的利齿、尖爪一样。若所有的下属都不喜欢你，那么众叛亲离就成了你最后的归宿。无谓的骄傲与炫耀不会让你获得任何东西，只能让你失去得越来越多。

骄傲是每个人的天性，谦虚需要有人来教你，而骄傲却不需要。每个人在取得成就的时候，都会情不自禁地开始骄傲。能否克制这种骄傲，是区分成功者与不成功者的一个标志。一个能够克制自己的人，总是比不会克制自己的人走得更远。谦虚这件事情与地位无关，与年龄无关，与收入无关。谦虚是个人品行的体现，是个人修养的体现。做一个谦虚的领导者有什么不好呢？

第五章
整合思维

构建一个强大而高效的商业生态圈

如今，专业做一件事情的大企业已经越来越少了。传统企业在追逐多元化发展，互联网企业在追寻平台化和跨界经营。不管是哪一种，都是未来发展的必然趋势。马云产生平台思维的时间远比其他人更早，而马云所采用的方式不是先建立一个平台，而是先跨界发展，随后将众多产业整合起来，形成一个平台。那么，马云具体是怎么做的呢？

/ 专业化不是最好的出路 /

有些人一辈子只能做好一件事，而有些人一辈子却能做好很多件事情。最开始的时候，那些能够做好所有事情的多面手是人们崇敬的对象。而随着时代的改变，越来越多的公司和个人走上了博而不精的道路，能做的东西越来越多，做好的东西却越来越少，这让人们产生一种越是专业就越好的想法。这种想法是非常可笑的，所谓的匠人精神，指的是一种专业的、精益求精的态度，一辈子只做一件事情并非匠人精神的根本。拥抱变化是阿里巴巴和永不放弃并列的一则信条，可见马云是多么重视这件事情。

商业行为本身就是非常多变的，商业世界的变化速度与互联网的成长速度不相上下，我们的客户、对手都在不停地变化，如果我们一成不变，最终只能被时代所抛弃。所以，当一些只能做好一件事情的人还在鼓吹匠人精神的时候，很多有见识、有实力的大公司已经开始朝多元化方面发展，并不断将自己的企业变成一个平台、一个巨大的圈子。

马云在决定创业的时候，就已经有一定的整合思维了。

他认为，互联网的普及会让传统的大公司处境越发艰难，互联网时代的消息流通速度越来越快，一家有实力的公司要想进入其他公司的地盘，所付出的代价要比以前小得多。那些小、快、灵的中小企业会逐渐冲击大公司的市场和地位，赢得更多的机会。马云的眼光是超前的，他认为小企业有能力挑战大企业的传统地位，于是就利用他的整合思维，打造了一个由中小企业组成的平台，最终就有了阿里巴巴。

阿里巴巴成立一年左右的时候，互联网再次迎来巨大的变动——网络经济的泡沫逐渐破灭，国内外很多以互联网为主的企业受到巨大冲击，阿里巴巴也不例外。就在有人认为互联网经济已经完蛋、马云即将让阿里巴巴转变经营方向的时候，马云告诉他们，阿里巴巴不仅不会改变自己前进的方向，还会继续扩大规模。不管互联网经济遭受了多大冲击，整合平台的思维总是没错的。互联网经济的低迷，反而给了阿里巴巴足够的成长空间，只要挺过这段时间，阿里巴巴势必一飞冲天。

事实就摆在眼前，马云的想法得到时间的证明。三年蛰伏期过后，阿里巴巴迎来了飞速发展的时机。这正是对马云整合思维最好的赞美，也为阿里巴巴的发展注射了一针强心剂，没有人再认为马云当年要继续做大阿里巴巴的想法是骗人的。

整合思维是正确的，完全将业务专业化是非常盲目的举动。经营方向的专业化，会阻碍企业的发展，但是盲目地扩大业务项目、整合平台，有时候反而会为企业带来灭顶之灾。世界上有很多能把每件事情都做好的企业，那它们是怎么做到的呢？

雅马哈式的整合是最稳妥的方式。知道雅马哈这个公司的人有很多，听过雅马哈这个名字的人更是数不胜数，但如果问起雅马哈这家公司是干什么的，得到的答案可能就多种多样了。有些人可能会告诉你，他们家的音响是雅马哈的；有些人会说，他们家的钢琴是雅马哈的；还有人会说，他们家的摩托车是雅马哈的；甚至有人会跟你说，他家厕所的水槽、马桶是雅马哈的。这么多相距甚远的业务，并且每一样都做到了顶尖水平，人们说的雅马哈真的是同一家公司吗？答案是肯定的。

雅马哈公司的历史非常悠久，发展经历也非常传奇。成立之初，雅马哈只是一家维修乐器的公司，在维修乐器的过程中学会了制作乐器，于是展开了制作世界顶尖乐器的业务。在制做钢琴、风琴的时候，雅马哈又逐渐掌握了制作木雕的工艺，于是开始销售家具。日本军方认为，家具是木头的，螺旋桨也是木头的，既然雅马哈能够制作家具，那也应该能制作螺旋桨，于是雅马哈开始制造螺旋桨。在制作螺旋桨的过程中，用来测试的发动机经常出现故障，雅马哈公司就开始维修发动机，最终掌握了制造发动机的技术……就是这样一次次的学习，让雅马哈展开了更多的业务。这个过程不是先开展业务，然后学着如何去做，而是先学会去做，然后再开展业务。这种方式最为稳妥，只要能够做出高质量的产品，自然就能够被市场接受。

万达式的整合方法是发展最快的整合方式。万达最开始是一家房地产公司，随着时代的发展，传统房地产业不断受到冲击，而万达也随之展开了自己多元化的发展，不断铺设新的平台，开展新的业务。如今，万达已成功拥有万达院线游乐场、度假村等。这完全是以当下发展最火热的项目作为目标，大胆开展的全新业务，一旦成功，势必会让企业获得突飞猛进的发展。

这种发展有巨大的好处，但也有很多弊端，毕竟在涉足一个全新领域时，并不是所有的企业都有万达那样雄厚的资本。万达可以收购有经验的公司，可以花费大量时间和金钱去研究如何做好这件事情。而很多企业并不能像万达这样用钱来买稳妥，或者用时间来换项目。

阿里式的整合方式介于这两者之间。阿里巴巴如今也开展了很多业务，有用来购物的天猫，有为本地化平台系统服务的口碑网，有针对出口商品的全球速卖通，有专注于网络支付的支付宝，有开展小规模贷款业务的蚂蚁花呗，有针对互联网传输与存储服务的阿里云，有针对旅游业的“阿里旅行·去啊”……以上并没有将阿里巴巴的全部业务列举出来，因为阿里巴巴平台所整合的项目实在是太多。但是，这些项目有一个巧妙的共同点，那就是几乎全部是在网络上展开的。

阿里巴巴的起源就是互联网，阿里巴巴能够飞速发展就是因为立足于互联网，也对互联网最为熟悉。想要打破专业束缚，不断拓展平台，整合更多业务项目，阿里巴巴选择了在自己最擅长的领域里拓展当下最火热的项目。这样既稳妥，又能在发展最火热的领域分一杯羹。这就是阿里巴巴能够摆脱束缚、飞速发展的重要原因。

专业化是一种稳妥的想法，是中小企业稳定发展的最佳出路。但是，专业化也会限制企业的发展，会为企业的上限盖上一块天花板。世界上专业化的公司很多，做到世界顶尖的公司也不少，但它们最终的结果都是被多元化、平台化发展和不断整合全新业务的公司收购了。例如，世界顶尖音频设备供应商 AKG 如今已是三星的囊中之物。只做网站、曾为世界上最大免费邮箱提供者的雅虎也成为阿里巴巴的一部分。在这个互联网高速发展、信息飞速传递的时代，专业化真的不是最好的出路。

跨界整合，颠覆行业

隔行如隔山，这句话不管在什么时候都是至理名言。万事万物都有自身运行的规律，而拥有规律本身也是一种规律。正是这种规律，形成每个行业的特色，一个外行人想要通过观察就彻底了解某个行业究竟是如何运行的，究竟有哪些潜规则，简直是天方夜谭。不过，太了解就一定好，不了解就一定不好吗？每个有野心的人都渴望做这个世界上独一无二的自己，创立独一无二的事业。如果太过于了解某个行业，每一步都按照其他人走过的那样去走，那么最终你只能将自己的事业做得和别人一模一样。只有那些并不了解的外行人，在创意和能力的引领下，才能让整个行业做出颠覆性的改变。

马云有改变的魄力，有整合的思维，但却并不鲁莽。他渴望做出改变，也知道什么时候才是最好的机会，于是他选择跨界到自己最熟悉的领域。阿里巴巴是以互联网销售起家的，而如今阿里巴巴的支柱就是天猫商城。与网络购物息息相关的就是仓储物流了。电商的物流和普通的物流公司并不一样，在配送方面要做到从商家直接送达客户的手中，用最少的时间，走最少的路。定制仓储加上第三方配送，是各大电商公司普遍采用的方式。苏宁和京东在这件事情上先行一步，不管是配送还是仓储，都走到阿里巴巴的前面。马云并不是没有想过跨界到物流行业，他甚至比京东和苏宁想得更早，只是他寻求的不是一个能用的方案，而是一个能够颠覆整个行业的最优解。

2012年，马云终于等到他想要的机会。国家邮政局和商务部联合出台了促进快递行业和网络零售共同发展的指导条文，马云马上就将自己的目标放在了江夏金口，打算沿长达32公里的优质水岸线建造一个巨大的港口。面对说服武汉政府这个难题，马云终于抛出自己的杀手锏——平台型物流。阿里巴巴将在全国建立大型仓库作为物流平台的节点，不管卖家是哪里人，买家是哪里人，只要在网络上接单以后，统一由阿里巴巴的物流平台发货。传统的物流在从卖家手中拿到货物以后，要按照分类、地区进行分拣，抵达目的地以后，还要按照送货最后一公里的区域进行二次分拣，这样才能送到买家的手中。平台化物流完全消除了中间的繁琐步骤，无需分拣，从物流仓储直接发货，既节省了卖家的时间，也为买家的商品提供了保障。马云提出的平台化物流给传统物流行业带来了巨大的冲击，说其是一种颠覆式的跨界丝毫不为过。

隔行如隔山，但正是因为有山的阻碍，才能够在没有彻底看清一个地方之前就提前入乡随俗了；正是因为有山的阻隔，才能够在一个传统领域不断地诞生全新的想法；正是因为有山的阻隔，才能够让自己勇于挑战未知的领域，给自己一个战胜传统巨头的机会。隔行如隔山，阻碍的只能是那些毫无准备、缺少智慧、性格鲁莽的人。真正成功的人，从来不会畏惧跨界挑战，因为能够在一个领域开拓一番事业的人，自然不会害怕另一个全新的领域。

跨界，除了如今我们引申的含义外，原本还有另外一重意思，就是真正地到另外一个自己没有涉足过的地区开展业务。这里的跨界是物理性的跨界，是地域上的跨界。很多人认为，强龙压不过地头蛇，但实际上强龙总是能够从地头蛇的口中夺走一块肉。所谓当地的传统企业，自然对当地的状况非常熟悉。但正是因为这种熟悉，他们思维僵化，从来没有想过从另一个角度去看问题。就如同非洲的推销员认为无法将鞋子卖给传统部落一样，因为他们几百年来都习惯于不穿鞋；而真正的强龙却想着，所有人都不穿鞋，那么应该有多么庞大的市场啊。好的东西总是会有市场的，很多地区所谓的习惯、习俗，更多是过去交通不发达、物资不丰富导致的。

跨界的时候也要遵循几个原则，否则难免会出现一步错、步步错的情况。

原则一：跨界不代表一无所知。任何一个行业都有其发展的难点，而那些没有进入这个行业的企业自然不会受到这些难点的限制，因此会催生出更多能够改变行业的方法。而如果一无所知，就非常容易走进这个行业过去的误区，让跨界不仅不能顺利进行，反而增加了折戟沉沙的概率。这几年的房地产大潮就呈现出这样的特点，房地产的火热让很多投资者心动，很多人奋不顾身地冲进这个行业想要好好地捞一桶金。有人成功了，有人却失败了。绝大多数失败者在完全不了解这个行业的情况下，就做起一夜暴富、颠覆房地产业的美梦，最终赔上一切来换得一个教训。

原则二：颠覆传统，这个行业要先有传统。跨界最吸引人们眼球的就是颠覆行业传统的操作，但是随着时代的迅速发展，新兴的行业也在逐渐增多，颠覆这个词也越来越被滥用。我们颠覆的是传统，那么首先我们所颠覆的行业就得有传统。一个新兴的行业，尚未完全发展，并没有传统可言，又如何谈颠覆呢？这就给了想要跨界的人一个很好的启示：跨界这件事情是要有基础的，一个还没有彻底形成根基的行业，一个还没有形成行业标准的圈子，是很难容得下跨界者的。在没有基础给你研究，没有理论让你参考的全新领域，想要创一番事业，就必须有足够的技术和创意，还要面临大量的竞争对手。所以，那些全新的行业并非已有一定资本的跨界者最好的选择，反而是一些新兴企业拼搏的最佳领域。

外行不可怕，真正可怕的是不知道自己是外行。只要做好万全的准备，跨界经营不仅不是风险，反而是巨大的机遇。

/ 跨界是自我完善的最佳机会 /

进取心是衡量一个人，一个企业，甚至是一个国家能否强大起来的重要标准。虽然有些时候进步的人未必有进取心，但是只要有进取心，人就一定能够进步。其实，所谓的进步就是个体不断进行自我完善的过程，不管是个人还是企业，都是如此。人想要完善自我，就需要不断去学习新的东西，开拓自己的视野，让自己获得更多的知识和能力。而企业想要自我完善，跨界就是最佳的机会，只有不断地跨界，在更多的领域开拓，才能够达成这一目标。

阿里巴巴的发展看似一帆风顺，但实际上受到很多条件的制约。而当阿里巴巴受到制约的时候，马云所想的并不是向其他公司求助，而是跨界解除这些制约。合作能够更加简单快捷地完成目标，但马云想的是，与其向别人求助，不如自我完善，成为他人求助的对象。最开始的时候，淘宝网、阿里巴巴等网站进行交易的时候只能使用网络银行，这就为发展设下了门槛。

当时中国互联网并不发达，很多人不明白互联网是什么，能够在互联网上购物的人就更少了，而且网络银行的操作非常繁琐，很多网络初学者根本不可能熟练使用，这就导致阿里巴巴大量的潜在客户被阻拦在门槛之外。为了解决支付的问题，阿里巴巴推出了支付宝。其实，当时很多人并不信任支付宝，而支付宝也只起到一个中介平台的作用。如今，支付宝已经不仅是阿里巴巴一家公司在使用了，马云将支付宝做成一个能够为其他公司解决问题的平台，大大方便了人们的生活。

菜鸟网络是马云的另外一个解决方案。物流始终是网购的一大问题，速度、安全性、服务质量都成为制约阿里巴巴发展的重要因素。物流太慢或者物流的服务太差对阿里巴巴造成很大影响，毕竟物流公司并不属于阿里巴巴，但却要阿里巴巴来承担它们的过错。如果没有自己的物流公司，那么阿里巴巴就如同被其他物流公司卡住了咽喉一般。为了解决这个问题，马云开创了菜鸟网络，并且提出全新的平台式物流概念，带动了整个物流行业的发展。

阿里巴巴不断地跨界，得到的好处是难以想象的。因为阿里巴巴跨界的过程，就是不断自我完善的过程。整个过程中，阿里巴巴解决了问题，并且发展了全新的业务项目。

如今，支付宝已经成为全球使用人数最多的支付软件，虽然身后有微信支付的追赶，但支付宝仍然保持着领先的地位。当支付宝的使用人数达到一定数量的时候，不仅阿里巴巴需要这个接口，其他例如美团、饿了么等外卖软件，滴滴打车、快的等打车软件以及其他各种网络交易平台都需要支付宝的接口。现在，甚至公交车、超市都能够使用支付宝支付。原本为了解决问题的一次跨界，成为阿里巴巴另外一个规模庞大的项目，甚至是明星产品。

阿里巴巴不断完善，也是为了解除其他行业的钳制。阿里巴巴的发展速度实在是太快了，但仍然有潜力可挖，还有更多发展余地。但是，传统物流行业的发展速度却未能跟上阿里巴巴的脚步，成为阿里巴巴的短板。阿里巴巴想要摆脱制约，就必须发展自己的物流业。菜鸟网络为阿里巴巴提供了再次腾飞的机会，它不会因短板的制约而减慢发展速度，不再为别人的固步自封买单。菜鸟网络的出现让其他快递公司充满了紧迫感，也开始不断改进服务质量，阿里巴巴的跨界最终让更多人得到实惠。

跨界是公司的一种自我完善方式，这种自我完善不仅能够让自己变得更好，也能让整个商业圈子变得更好。这种跨界让阿里巴巴自身成就了一条完善的生态链，并且能够影响其他企业，为其他企业提供帮助。

如果不选择自我完善，不敢跨界，那么企业的发展始终要受到其他行业的制约。如今硅谷最为炙手可热的埃隆·马斯克也是一位像马云一样敢于跨界的人。当其他的航天公司都在四处寻找推进器卖家时，马斯克的SpaceX已经在研制属于自己的推进器了；当新兴的电动汽车公司还在向奔驰、奥迪、宝马等传统公司订购汽车配件的时候，特斯拉已经开始研制属于自己的汽车模具和汽车配件；当马斯克的竞争者们还在向索尼、LG等公司定制电池时，马斯克的超级工厂已经动工，着手解决电池方面对汽车产能的限制了。

正是这种大胆的跨界行为，让一家家有着巨大潜力的公司完善了自我，摆脱了各方面的制约，大踏步地前进。

自我完善的动力来源于客户的需求。跨界不可盲目，自我完善也不是漫无目的的。我们每个人身上都有很多缺陷，企业也是如此。而自我完善的方向是靠市场和客户来指引的。想要依靠跨界来解决所有的问题，没有任何一家公司有这样的能力和精力。在选择自我完善的时候，先要明白客户需要什么，市场需要什么，再选择方向。

/ 颠覆式娱乐 /

有时候，跨界这件事情总是会显得有些莫名其妙，但实际上，任何一次成功的跨界都不是一拍脑门想出的主意，必然是众多人才深思熟虑后做出的决定，最终才能达到意料之外的颠覆式效果。

其实企业跨界做宣传这件事情并不罕见，第一个将职业足球的概念引入中国的是做房地产的万达集团。马云也在足球行业效仿万达，投资了恒大足球。马云的这次跨界是一场双赢的跨界，恒大得到新的资金，提升了球队的关注度。而恒大淘宝足球队虽然没有直接的利益回馈给阿里巴巴，却增加了阿里巴巴的影响力。

除了足球，马云还在 2014 年推出一款全新的娱乐理财产品——娱乐宝。这款产品是一款类似众筹但实质上是投资的产品。投资电影本身是一件需要大量财力的事情，很多人喜欢的电影会因资金问题而难产或者质量下降，而娱乐宝的出现则让参与电影投资变成每个人都能做到的事情，并且还能带来一些收益。娱乐宝从开始出现就注定是不赚钱的产品，因为马云对投资数额进行了限制，每人最多只能投资两部电影，最高金额只有100元。也就是说，这完全是在赔本赚吆喝。那么，马云赚到吆喝了吗？结果是显而易见的。娱乐宝全新的理财方式非常吸引眼球，几乎每个知道娱乐宝的人都会尝试一下，因为不会赔钱，还能成为电影投资人，何乐而不为呢？

我们可以总结一下，马云深思熟虑的娱乐跨界究竟有着怎样的好处。

第一，收获了大量的人气和关注度。人气和关注度虽然暂时不能换成金钱，但是随着数量的不断增加，就如同明星的粉丝一样，最终会按照比例转化为客户，间接带来利益。马云投资恒大有着这样的考虑，投资娱乐宝也是一样。如果马云真的喜欢足球，凭借着他的财力，自己创建一家足球俱乐部并不是什么困难的事情。显然，马云对足球的兴趣并没有那么大，于是他选择了站在巨人的肩膀上投资实力强大的恒大。恒大夺冠的时候，也就是马云收获的时候。

娱乐宝也有这样的作用，就拿娱乐宝上可以投资电影《小时代》来说，不管电影的品质如何、评价如何，杨幂和郭敬明都有着大量粉丝。能够参与电影的制作，成为电影的投资人，又不用花费太多的资金，对于粉丝来说简直是天大的福利。马云制作了一个平台，获得大量的人气。

第二，扩大自己的人脉。当你进行跨界投资的时候，与合作方的关系势必会更近一步。在不属于你的领域里，如果有人带领你前行，会起到事半功倍的效果。同时，还会收获投资方的好感，扩大自己的人脉圈子，为以后更多的合作做铺垫。马云投资恒大的时候也表示，未来的十年里，阿里巴巴将会专注健康生活方面的业务。而恒大集团旗下还拥有矿泉水业务，如果恒大的矿泉水能够热销的话，或许马云也能从中分一杯羹。可惜，恒大的矿泉水因为定位问题，最终没有打开市场。

第三，借一个平台做更多的事情。一家企业想要不断做大，想要不断在新的领域获得发展，就必须跨界。但跨界并非一件简单的事情，投资也是如此。如果有一个强大的平台作为跨界的资源，那势必会容易很多。投资娱乐界，更多的是赚人气。马云投资恒大的时候，他的眼光并不只是放在恒大上。用马云自己的话来说，他投资的并不是恒大，而是中国足球。如果其他俱乐部有更好的机会，能够招揽顶级球员，他也愿意投资。

马云想要投资中国足球，那么恒大就是他的平台，就是他迈出的第一步。当马云走出第二步的时候，平台所带来的价值就会更多地展现在人们的眼前。或许有一天，阿里巴巴会购买顶级赛事的转播权，进入体育界。

只要有足够的颠覆思维，颠覆任何一个圈子都并非不可能的事情。当马云开始跨界做娱乐的时候，他就拿出了娱乐宝。

娱乐宝不仅为阿里巴巴和马云带来了大量的人气，更向所有人展示了阿里巴巴的创新精神和颠覆精神。如今，不管马云想要跨到哪个领域去，该领域的传统企业都会捏一把汗。

第六章 趋势思维

我很少回忆过去，永远在思考未来

未来这个词已经被人们越来越多地提到，这是信息化社会的必然结果。每个人都会选择接收自己喜欢的信息，根据不同的信息拼凑出一个未来，马云也不例外。但是，马云对于未来的看法却是非常二元化的。马云相信未来，认为未来一定比现在更好。但实际上，马云又非常谨慎，不肯盲目对未来下注。就是这样一路走来，阿里巴巴才发展得越来越好，马云才能够永远相信未来，永远拥抱未来，永远畅想未来。

/ 做未来最重要的事情 /

未来这个词永远能给人们带来无限的希望。未来象征着无限的可能性，象征着不管今天输掉了多少都还有机会赢回来。着眼于当前永远是最重要的事情，但并不是每个人都能把握当下。很多人并没有把握住现在，但是他们还有机会，这正是未来最美妙的地方，我们可以从现在开始着手准备。

“我们明白一个道理：什么是战略？就是做未来最重要的事情。所有昨天不好的事情，都是你的机会，别人在抱怨的时候，才是你看到机会的所在。”——应清华大学经济管理学院邀请，阿里巴巴集团主席马云在参加“清华经管学院 2014 年毕业典礼”时的演讲中说道。

相对于未来，我们更需要把握的是今天。当今天的事情都做好了，我们就可以开始考虑未来的事情。人无远虑，必有近忧，这句话非常正确。走一步看一步，即便当时能够志得意满，也不可能长久。你不愿意考虑未来，总有人愿意考虑。一旦有人比你考虑得更远，那么他就有可能走上你准备走的路，让你无路可走。商业社会的竞争是无比激烈的，多看几步，给自己一些机会甚至是后路，总是好的。

未来究竟是什么样子？你想过吗？未来最重要的东西是什么，你想过吗？相信每个人都曾经想过这些事情，而每个人心中都有不同的答案，马云也是如此。马云在 2018 年的一次演讲中表示，未来最重要的东西有三种，分别是人工智能区块链和 loT。他在进行这次演讲之前，早就准备好投身这几项行业了，阿里巴巴公司推出的智能扫地机器人、天猫精灵等产品都是上述理念的体现。相信在不久的将来，马云和阿里巴巴会为我们带来更多的惊喜。

未来无比重要，但是，做任何事情都不能盲目。做未来最重要的事情，是要有策略的。一旦缺少正确的策略做指导，那么你为未来所做的准备就会变成为自己挖下的新坑。

注意事项一：完善的计划。不管在任何时候提到未来，都要有完善的计划。未来有必须要准备的重要的事情，那么就需要制定计划。如果未来有需要注意的事情，那就提前准备好，免得出了事情的时候手忙脚乱。如果未来可能有巨大的风险，那么就要做好所有的防备措施，以便将损失降到最低。

完善的计划就是未来的保障，任何未来在缺少计划的情况下都只能成为碰运气。我们的计划就是我们未来的保障，只有好的计划才能保证我们拥有好的未来。所以，在制定计划的时候，要更加用心，让计划更加完善、周全。

注意事项二：注意你的竞争对手走到了哪里。未来是美好的，但却不是你一个人的。一件在未来非常重要的事情，一定会有非常多的人想到。排除那些另有计划的人，那些缺少执行力的人，那些计划比你慢的人，再排除那些与你没有直接竞争关系的人，能够威胁到你的人仍然不在少数。因此，先走一步是非常必要的。

万万不能让你的竞争对手走在你的前面，特别是在双方实力不相上下的时候。如果那些人走到了你的前面，并且拿出和你水平相差无几的作品，那么你的影响力就会大大降低，你为未来所做的准备只能收获一半甚至更少。世界上的人大多只能记住世界第一高峰的名字，只能记住跑得最快的人的名字。为了让我们重要的未来获得更多的保证，我们必须成为相同领域跑得最快的那个人。

注意事项三：未来固然重要，但是也不能放弃现在。我们在讨论未来最重要的事情时，应不断地强调现在的重要性。重视当下永远是最重要的事情。没有得到的事情，永远没有眼前的事情重要，除非两者的价值极度不成正比。

现在的一切就是未来的保障，如果你必须孤注一掷，那么只有一个原因，就是你已经失去了现在。只要有一点机会，能让你现在就能获得和未来相同的收益，那么不要犹豫，去争取吧。

注意事项四：未来最重要的事情，未必只有一件。很多人在将目光放在未来的时候，也会情不自禁地将所有的鸡蛋放在一个篮子里。这是非常危险的，就如同赌博一样。未来的美妙之处在于有无限种可能，这些可能里有成功，也有失败。未来重要的事情也有无限种，有些可能将你带向成功，有些也可能将你带向失败。当我们选择最重要的未来的时候，应多选择几种，多做几手准备，多花费一些时间。一旦我们的计划失败了，一旦我们的竞争对手走到了前面，那么 B 计划就是我们最佳的后路。我们既要选择最重要的未来，也要想到未来的多种可能性。只有最可靠的未来，才是最重要的未来；只有最保险的未来，才是最值得选择的未来。

/ 永远相信未来 /

我们常说未来是美好的，有着无限可能。我们常说还有机会，机会就在未来。但并不是每个人都相信未来，对未来灰心丧气的人不在少数。他们不相信未来有更多的机会，认为未来都被别人抢走了。他们不相信未来有无数种可能，因为他们在看到特斯拉、SpaceX、阿里巴巴、Google 以后，认为世界上所有的可能性都已经出现了。那么，事实真的如此吗？绝对不是这样的。

或许你会认为未来绝大部分的空间已经被压缩了，未来的可能性已经被瓜分了，那么你有没有想过，马云出生的那个年代是怎样的？当时已经出现了微软、思科、甲骨文等庞然大物，他们的地位至今仍根深蒂固。难道马云看到这些企业的时候，就认为未来已经没有希望了吗？如果真是这样，也就没有今天的阿里巴巴了。马云相信未来，认为未来总是要比现在好。虽然他创造了阿里巴巴，虽然他取得了很多人无法企及的成就，但是他仍然认为将来会有人超过他，将来会有人比他做得更好。

2018 年 6 月 12 日，马云在浙商总会骨干培训会议上发表了演讲。在演讲中，马云提到，未来 30 年里，中国的各行各业都会有天翻地覆的变化。中国的政策、开放程度都将会有较大的改变，而技术、理念、思想、管理等问题会成为企业重新洗牌的重要依据。

马云的这番演讲对我们有着怎样的启示呢？简单来说，就是在未来的30年里，会有无限的机会，只要你在技术、理念、思想、管理等方面有过人之处，那么在未来 30 年里会迎来一个发展的黄金期。如今那些高不可攀的企业，或许就是你未来的样子。听了马云的话，你觉得未来可以相信吗？

未来是可以相信的，不管什么时候都要对未来充满信心。从人类的发展历程来看，现在总是要比过去好，而未来比现在好也是可以预见的。根据心理学家研究，人的一生对于事物的看法会经历一个误区。人们一般会认为，自己 15 岁之前出现的东西是保守的、落后的；20 岁到 40 岁时出现的东西是最好的、经典的、永不过时的；而 40 岁到人生的最后阶段出现的东西是离经叛道的、不正确的。最简单的例子，就是人们对于音乐的欣赏风格的变化。很多年轻人不能接受的音乐风格，而老年人却对此津津乐道。而大多老年人也不认可年轻歌手的风格，甚至认为嘻哈之类的东西根本不能被称为音乐。未来总是可以期待的，而我们怎样看待它，与我们的心态息息相关。

你若能够适应时代的发展，并且跟上时代，那么你就能不断地前进，不断地奔向美好的未来；反之，将会在沉湎中度过余生。究竟哪一种更好，显而易见。

商业社会是不断变化的，变化的速度甚至可以用“朝夕之间”来衡量。往往一个工作日内，很多事情就会发生天翻地覆的变化。我们必须相信未来，只有相信未来才能关注未来，才能跟上商业社会不断狂奔的脚步，成为时代的弄潮儿。

马云本人是相信未来的，他在看了《中国合伙人》以后说了这样一番话：“这个电影很好，但是这个电影有个很大的问题，那就是男主人公老是哭。创业者哭吗？其实创业者是不哭的，创业者只想让别人哭。所以，我们要永远相信未来，相信年轻人，相信别人。如果我不相信别人，那么谁来写阿里巴巴的程序？如果我不相信未来，阿里巴巴也不会有现在这么大的市场。我想要告诉大家的就是什么是我们要坚持的。”

马云对未来有着无与伦比的信心，并且将这种信心传递给阿里巴巴的每一个人。正是这种信心，让阿里巴巴不管在什么情况下都能够坚持下去。2001 年，互联网经济泡沫破裂，阿里巴巴受到阶段性冲击。这对马云来说，就是一场毫无准备的寒冬。马云说，阿里巴巴要跪着过冬。马云没有放弃，因为他相信未来可以更好。果不其然，两年以后，互联网经济有了起色，马云提出每天税收要达到 100 万的目标。2008 年，全球经济危机，阿里巴巴却因为相信未来而站稳了脚跟，面对全球裁员的大趋势，阿里巴巴不退反进，增加了大量的招聘岗位，并且决定下一年继续增加。

相信未来，是一种精神，是一种顺应时代潮流的远见。没有人能够逆着时代的潮流前进，而相信未来就是顺应时代，相信未来就是跟着历史前进。只有相信未来，才能够得到未来的青睐。那些在追寻成功的道路上倒下的人，失败的原因就是他们不相信自己能够坚持下来，他们不觉得未来一切都会好起来，一切困难都能过去。

当你觉得事情会变得糟糕的时候，那么事情一定会变得糟糕，这就是墨菲定律。或许这并没有什么科学依据，但却深深地影响着人们的心态和想法。如果你不相信未来，那么就会失去前进的动力，就会开始害怕前面可能会面对的困难和失败。你会开始灰心丧气，停止追寻你的梦想。这一切都是从不信未来开始的。

剔除那些让你动摇的负面情绪吧，虽然你不知道未来具体是什么样子的，但你要相信未来总是比现在更好。马云创建阿里巴巴的时候，相信他也不知道阿里巴巴会发展成如今的庞然大物，也不相信自己做过的梦真的可以实现。但是，他始终相信未来会更好。

/ 计算未来，最重要的是人 /

未来是个体量特别庞大的词汇，因为未来里包括你所关注的圈子，包括你要经营的事业，包括整个世界，包括很多年的时间，更包括未来众多的人。很多人在计划未来的时候只注意到未来的趋势会是怎样的，自己的事业在未来会是怎样的，而未来的技术发展、政策又会是怎样的。但实际上，世界上的一切都是以人为本的，甚至可以说人就是最重要的东西。我们是人，过去最重要的东西是人创造的，现在最重要的东西是人创造的，而到了未来，这一点仍然不会有改变，只有人才是最重要的东西。

在马云提出菜鸟计划、在全国大搞建设的时候，很多人并不理解他的用意。甚至有人嘲讽马云，认为他是在以搞物流仓储的名义圈地，而这些地最终会用来做房地产。如今，马云的菜鸟计划已经取得成功并在全国范围内铺开，成为阿里巴巴中不可缺少的一环。马云的菜鸟计划，除了解决了跨平台物流行业对阿里巴巴的限制外，更有着以人为本的重要思想。每当有人和马云谈起这个问题时，他都会两眼放光，和你大讲如何赢得更多的客户，如何获得更多的支持。那么，马云的菜鸟计划想要赢得的客户群有多大呢？6亿。是的，你没有看错，正是6亿。马云的菜鸟计划是想为阿里巴巴赢得多达6亿的客户，这6亿人在马云的心中就是未来互联网的用户，也会成为阿里巴巴的客户。

马云在提出这件事情的时候是2013年。当时中国的互联网迅速发展，几乎所有的新兴企业都将眼光放在了互联网上。在这些人的心中，互联网的用户包括学生、白领和大部分城市人群，唯独没有想过中国人口基数最大的农民。而马云却看到了这一点，他认为，中国当时已经有了6亿网民，其中并不包括农民。而中国下一个6亿的网民中绝大多数会是农民。这个远见也是马云实施菜鸟计划的一个重要原因。事实证明，马云是正确的，马云让中国广大农村的物流体验和城市相差无几，大多数农民在享受到中国互联网迅速发展福利的同时，也成为淘宝网的用户。

以人为本，永远都不能低估人的重要性，甚至可以说，人才是最重要的。下面我们就来谈谈这究竟是为什么。

第一，商业行为中，一切都是由市场驱动的。自古以来，从事商业行为的商人都知道，回头客越多，就越能够获得成功。在今天，人们已经很少使用回头客一词了，所使用的是忠实客户。任何商业活动中，活动的主体都是人，也就是客户。如果没有了客户，没有了市场，那么任何商业活动都是无法进行下去的。再好的创意，再好的技术，再好的服务，没有人去欣赏，是绝对不可能成功的。

人是商业活动的基础，而客户是商业活动中最重要的部分之一，所以从某种意义上来说，客户对商人来说是最重要的。

第二，科技同样是为人服务的。不管是多么高科技的内容，如果不能让人有更好的体验，那么这种高科技注定不能被普及，也就不具备商业价值。很多人对于这件事情有自己的想法，认为只要是真正的高科技，只要这种技术是有用的，就如同金子一样，一定是会发光的。

事实上，被市场埋没的高科技不在少数，例如在亚马逊的 Kindle 阅读器出现之前，索尼公司也生产过一款科技含量极高的墨水屏阅读器，因为使用起来并不人性化，定价又偏高，这款科技含量极高的产品并没有打开市场，很快就销声匿迹了。史蒂夫·乔布斯是个伟大的人，他眼光长远，在商业方面有着独到的见解和卓越的天赋，但即便是乔布斯，也无法预测究竟怎样的体验才是最好的。在智能机大潮刚刚来临的时候，乔布斯曾经表示，能够让人类握持最舒服的手机尺寸就是 3.5 寸。但是，乔布斯没有想到，未来手机被人们赋予越来越多的功能，3.5 寸是最适合握持的尺寸，但是人们宁愿牺牲手感，也需要更大的尺寸来满足其他的需求。

所以，即便是那些充满未来感的科技，也必须以人为本，必须注意将来的人们有着怎样的生活习惯，能否让人们拥有更好的体验。只有先满足了人们的体验，才能够拥有市场，才能够获得成功。

第三，未来没有纯粹的制造业和服务业。2018 年 6 月，马云在最新的演讲中讲述了一个观点——在未来是没有纯粹的制造业和服务业的。在未来，服务业就是制造业，制造业也会包含服务业，这两者是相辅相成的。这并非开玩笑，如今的服务业大多有自己进行制造的过程。就拿很多餐厅来说，流水线作业已经成为一种常态，包括从采购到制造的过程，其实和制造业并没有什么区别，所谓的服务不过是将产品搬到台前的过程而已。

服务业和制造业互相转化，就是因为随着生产力的提高，制造的难度越来越低，单纯依靠产品已经不能让客户满意了。因此，将人放在第一位，提高服务的质量，才能够赢得更多的客户，让更多的人满意。

未来是由很多个方面组成的，但其中最重要的东西不是技术，不是资本，不是政策，甚至不是趋势，而是人。技术是为人服务的，资本是人操纵的，政策是人决定的，趋势是人引领的，归根究底，未来还是人创造的。想要在未来有所作为，有所斩获，那么就必须重视人，以人为本，这样才能真正地掌握未来。

/ 未来并非一成不变 /

未来之所以美妙，之所以能让人心旷神怡，之所以能让人们将所有希望都寄托在上面，正是因为它有着多变性。但未来的多变性并不完全是善意的，并不只会为你带来好处，并不只是为你一个人安排的。很多时候，未来众多始料未及的变化，不仅不能为你带来好处，反而会带来许多制约。不管在任何情况下，都不能小看未来。我们要记得未来有多好，要永远相信未来，但也要记得未来有其可怕的一面，不管你为未来准备了怎样的计划，都要多留一手。

阿里巴巴是一家不断变化的企业，马云正是这种变革精神的带领者。2003 年之前，阿里巴巴使用的是一种非常单一的经营模式。从 1999 年到 2003 年，阿里巴巴没有赚过一分钱，之所以能够生存下来，靠的是不断地融资。随后，阿里巴巴得到市场的认可，开始扩大经营，而那些因阿里巴巴而生存下来的中小企业也开始反哺阿里巴巴，这让阿里巴巴水涨船高。2004 年一年里，阿里巴巴得到飞速发展。这个时候，马云突然宣布，阿里巴巴将要改变经营模式，将之前的所有计划都打乱了。

马云表示，过去阿里巴巴的经营模式是将客户聚在一起，如同养鱼的水库一样，赚不了多少钱。但如果在水库发展旅游业，不仅赚钱少，而且要花费一笔水电费。不如将水库变成自来水工厂，阿里巴巴接下来要做的事情是铺设管道，让电子商务变得如同自来水一样方便，让所有与阿里巴巴站在一起的中小企业都能享受到最方便的电子商务，这样的话，自来水工厂一定比养鱼的水库赚钱。马云早就预料到 2008—2009 年电子商务会迎来爆发期，所以按部就班的未来对阿里巴巴来说并不是最好的选择，阿里巴巴的未来必须要有变化。

有一位哲人说过，未来像一条大河，会有无数的分支。而那些最聪明的人就像跃出水面的鱼一样，总是看得比别人远一点。的确，未来就如同是大河一样，总是在不断地流动，总是在不断地变化。正因如此，未来的不确定性才会大大增加。我们在制定关于未来的计划时，必须不断地变化，不断地观察未来可能变动的趋势。如果确定了一个计划，就一股脑地、不肯改变地执行下去，那么难免会遇到激流，被冲到瀑布下面去。

不断的改变计划，与坚定理想这件事情并不冲突。条条大路通罗马，抵达理想是我们的目标，而究竟要走哪一条路则是有很多种选择的。我们要选择正确的路，而不是一条路走到黑，不撞南墙不回头。

在马云看来，未来的十年就是不断变化的十年，是真正商业腾飞的时代，是不断变革的时代，是我们最需要抓住机会的时代。在未来十年里，成功的人会越来越多，特别是年轻人。会有越来越多的年轻人变成企业家，而这些人都是能够把握未来变化的人，能够适应未来不断变化的人。面对未来，有些人准备得更加充分，有些人则缺少冲击未来的资本，但在适应未来这件事情上，却不见得准备得越充分就越好。

那些准备充分、计划完备、资本雄厚的人，往往会因尾大不掉而难以适应变化的冲击。而那些中小企业反而会因为体型较小，转身、转型都更加容易，从而成为未来发生的巨大变化的受益者。没有人能够改变时代，想要跟上时代的步伐，能做的只有不断地改变自己。

说起国产手机，最广为人知的就是华为和小米了。华为巨大的出货量和自主研发技术，以及小米针对年轻人喜好层出不穷用的策略，让两家公司很快成为世界级别的手机巨头。VIVO 和 OPPO 这两个手机品牌在线下销售的时候销量尚可，但是在网络上的口碑并不好，一直存在性价比低、硬件配置差等问题，甚至被人笑称为“厂妹机”。手机行业中，如果说有一个品牌可以成为其他品牌的标杆，那么这个品牌一定是苹果。苹果手机每次使用的创意都会引起其他厂商的竞相模仿，甚至对于某些手机厂家来说，这已经成为一种铁打不动的习惯。当 iPhoneX 走红时，“刘海屏”也就成为其他厂商模仿的对象。

虽然是苹果的作品，但是刘海屏始终被人诟病，很多有识之士认为，刘海屏不是一种完美的解决方案，而是在现有技术上进行的妥协。就在很多厂商模仿苹果的刘海屏时，一直不被人们看好的 VIVO 和 OPPO 却没有盲目跟风，它们认为苹果的创意并不一定就是未来，进而在不断变化中找到真正适合自己的道路。VIVO 的 NEX 和 OPPO 的 FIND X 先后刷新了世界手机屏占比的记录，并且采用机械结合电子设备的方法解决了刘海屏的问题，受到用户们的一致好评。

未来不是一成不变的，没有人知道 30 年以后的未来会是什么样子的。只有不断地适应变化，不断地在变化中找到那条属于自己的路，最终才能够真正地拥有未来。人们总是对未来充满希望，总是认为明天会更好，这是一种积极向上的精神，也是一种对自己有益的态度。但是，不盲目跟随，不把所有的鸡蛋放在一个篮子里，也是一种针对未来的准备。因为未来总在变化，是难以预测的。

/ 未来很美好，但是明天呢 /

马云曾经说过一句话，今天很残酷，明天很残酷，但是后天很美好。绝大部分人是死在了明天晚上，而只有真正的英雄能够看见后天的太阳。任何美好的未来，都需要坚持才能够抵达。如果不能坚持到未来，那么即便再美好又有什么意义呢？

创业的道路，成功的道路，从来都是充满艰辛的，而坚持和激情则是抵达成功终点的最大法宝。创业的目标，无非是成就一番事业，赢得金钱和地位。

马云的创业之路远比人们想象的更加艰难，只有真正见识过残酷的人，才会明白坚持的可贵，才会明白迎来未来是多么的不容易。马云第一次创业是放弃英语老师的职务，开办了海博翻译社，这家翻译社至今仍然存在，并且成为阿里巴巴的合作伙伴。但是，当时翻译社的经营并不顺利，马云一直在赔钱，但是他始终没有放弃过。翻译社没有工作的时候，马云就做各种兼职，包括摆地摊、上门推销等。马云在海博翻译社的那三年时间里，几乎是靠打工负担了所有的日常支出。直到1995 年，海博翻译社才开始盈利。

马云的第二次创业仍然很艰难，他在知道互联网这个东西以后，就认为互联网在未来是大势所趋，做互联网肯定能够赚钱。身边的朋友都劝马云，大家合伙凑十几万，去开酒吧，去开饭店，干什么都比去做一件自己不怎么了解的事情要好。但是马云却非常坚定，认为互联网是能够赚大钱的事情，所以他用这笔钱开创了中国黄页。创业初期，中国的普通人对于互联网几乎没有概念，只有精英阶层才开始接触互联网。而中小商家根本就不知道互联网是什么。马云和夫人东奔西跑，中国黄页的销售才逐渐有了起色。就在马云即将看见曙光的时候，中国电信突然插了一脚，马云想要经营中国黄页，只能和中国电信合作，马云只好放弃了。

第三次创业，就是人们所知道的阿里巴巴了。阿里巴巴成立初期的艰难程度丝毫不亚于前两次。当时杭州每个人每月只有 500 元的工资。员工有了业绩，马云只能进行口头奖励，连奖金都发不出。那个时候，马云和团队其他成员经常坐在一起想象，如果他们有了 500 万要怎么花，如果有一天他成了亿万富翁会怎么样。其中有一个细节马云至今仍历历在目——一次，在他的想象中自己已经成为巨富，他走进一家欧洲的豪华酒店，工作人员却因他是个亚洲人而歧视他。于是，马云找来酒店老板，问他酒店多少钱卖。对方开价 3 亿美元，马云则表示还以为要 5 亿呢，于是马上开出一张 5 亿美元的支票。他办好手续后，将总裁办公室的钥匙交给门口卖唱的流浪汉，告诉他这家酒店是你的了。

故事听起来很滑稽，可能很多人都做过这样的梦，但是不管什么时候读这个故事，总是让人感到一阵辛酸。马云能够走到今天，与多年来不懈地坚持理想，坚信自己会有更好的未来是分不开的。

坚持容易还是放弃容易？答案是显而易见的。放弃永远比坚持更加容易，只有坚持一件事情，为了一件事情去努力、去奋斗，才会感到痛苦。如果放弃了自己的理想，那么自然能选择一条更加轻松的路。但是，有些事情只有坚持才能做到。

坚持不一定能拥抱未来，但是不坚持一定不能拥抱未来。今天所承受的一切痛苦，到了未来都有可能化作甜美的果实。我们想要拥有美好的未来，就必须坚持下去。放弃，不仅斩断了未来美好的路，更是否定了自己的过去。一旦放弃，之前所做的所有努力就全白费了。想想那些自己为之不眠不休的事，想想那些曾让自己热血澎湃的事，我们不该坚持吗？虽然成功的概率很低，但我们已付出了，难道不应该等到一个结果吗？即便最终功亏一篑，也能拍着胸脯告诉自己已经尽力了，放弃了也问心无愧。

没有东西比理想更宝贵，没有东西比未来更宝贵。如果还有机会，为什么不去争取一下呢？坚持自己的理想，坚持可能抵达的未来，需要什么理由吗？每当你想放弃的时候，不妨想一想，如果你坚持到最后能够获得什么，而如果你放弃了又将失去什么。任何挫折与痛苦都是暂时的，任何失败也是正常的。不仅你遭遇过这些事情，马云遭遇过，马化腾遭遇过，乔布斯遭遇过，马斯克也遭遇过。他们如今能取得很多人一辈子都无法企及的成就，就是源于他们的坚持。如果马云不相信他一定能够成功，和朋友合伙开了酒吧，那么就不会有阿里巴巴了。如果马化腾放弃了继续推销腾讯 QQ，那么我们今天就用不上 QQ、微信和其他腾讯公司的产品了。如果马斯克没有坚持去做 SpaceX 和特斯拉，没有失败了就去住岳父地下室的觉悟，那么世界上就有少了一个百亿富翁。

未来是美好的，未来是充满生机的，未来是有着无数种可能的。但是，创业的过程是痛苦与艰辛的，明天也是残酷的，但未来，仍然值得我们去守望。

/ 预见梦想，遇见梦想 /

1999 年，马云带着 18 人的团队创立了阿里巴巴。而马云在家中为“阿里十八罗汉”演讲时说过这样一句话：“我们的所有竞争对手并不在国内，而在美国的硅谷。”当时在很多人看来，作为一个刚刚成立、名不见经传的小公司，这样说简直是在吹牛。然而，马云始终坚信自己对于阿里巴巴未来的预期，并且在一步一步把这句话变为现实。

2017 年阿里巴巴财报清晰地显示：阿里的投资触角早已不再局限于中国，而是越来越多地转向国际市场，并进入云计算、文娱等众多商业领域。2017 年 1 月，阿里云在与亚马逊、微软等巨头的激烈竞争中，成功夺取奥运会全球顶级赞助权，将为未来 6 场奥运会提供独家的云计算、大数据服务，未来还将为奥运会打造一个全球化的电商平台。在阿里巴巴签约之前，奥运会共有 12 家签约赞助商，如美国的可口可乐、VISA 和通用电气，日本的丰田与松下，以及韩国的三星。

许多人为阿里巴巴取得的这些成就而惊叹不已，但我相信在马云看来，这只是在一步一步实现他当年制定的计划而已。在当初那场演讲中，马云很显然已经清晰地想象出成功的景象和所有的路径。若要成功，我们必须先在心中做好推演，预估潜在的障碍，不管路途多么艰难，也要走完全程。

一个人如果对于未来没有任何想象和预见，那么必然会低迷，会沉沦，会丧失信心。相反，如果一个人在心中对自己的未来有清晰的预见，那么他必定有无可匹敌的决心和信心去实现自己的梦想。“如果你每天做梦，你的梦想就会变得越来越大。”这是星巴克总裁霍华德·舒尔茨说过的一句话。现实生活中，实现梦想的法宝就是对未来的清晰预见和信心，没有任何捷径比它们更加有效。正所谓“世上无难事，只怕有心人”，我们如果对自己的未来和梦想有清晰的认识，那么对于实现自己的梦想，就一定会信心百倍；只要我们能够把梦想放在心里，它就会变成我们每天努力的动力。

在一个美丽的庄园里，男主人给来参观的小朋友讲了这样一个故事：从前有个小男孩，他的家庭非常贫困，连学费都是东拼西凑的。有一天，老师在课堂上要求学生们把自己的理想写下来。晚上，小男孩一口气写了一篇长达6页的作文，详细描述了自己的理想，还附上一张精心涂抹的画来表现自己的整个计划：画中有庄园，有牲畜，有土地，还有他想住的房子……总之，他全身心地投入到对未来的憧憬中，并把这憧憬描绘得非常具体生动。

第二天，老师却将小男孩的作品评为不及格，他对小男孩说："我很清楚你和你家庭的情况，你在作文中的憧憬是一个不切实际的梦想。如果你回去写一个更实际一些的目标，我会重新给你打分。"

小男孩在认真考虑了一个星期之后，将原来的作文原封不动地交了上去。他对老师说："您可以给我不及格，但我必须保留我的梦想。"

故事讲完后，男子对小朋友们说："这个故事里的小男孩就是我。现在我们就在我梦想中的庄园里。当年的作文我仍然保留着，我的很多同学早就忘记了当年的那次作文，但幸运的是，我坚持了自己的梦想。"

正是这个小男孩对自己梦想无比清晰的预见，支撑着他为之不懈努力的决心和信心。如果他当年心中对于自己的庄园没有那样清晰的远见，就绝不可能把梦想中的庄园变为现实。

预见梦想的能力来源于哪里呢？来源于心中对未来和梦想的强烈欲望和详细规划。远见之所以清晰，必然是因为对于自己的梦想有着清晰的思路和准备，每一个步骤，每一个目标，都能够做到胸有成竹。这是一种对于未来的远见，也是一种强大的信心，拥有这种远见和信心的人往往无比坚定，可以朝着心中的梦想不懈努力，并最终把自己的梦想变为现实。

正如马云在一次给新员工的信中写的那样："这不是一份简单的工作，这是一个梦想，我们都必须为此付出巨大的努力和代价！"能够清楚地预见到自己梦想实现之后的样子，是一种提醒，也是一种鞭策。提醒自己不要偏离最初定下的航向，鞭策自己在重重困难和惰性面前始终保持斗志，坚持最初的梦想。只有如此，我们的梦想才有实现的希望。有句话是这么说的：每天早上叫醒自己的，不是闹钟，而是梦想。只有每天早上被梦想叫醒的人，才有资格品尝到梦想成真的滋味。

预见梦想，遇见梦想。连梦都不敢做的人，哪里会有什么清晰的未来。越是敢于做梦的人，越是有资格拥有自己的梦想，才越有可能梦想成真。马云就是一个如此大胆的人，他早早地看见了自己的梦想，也早早地实现了自己的梦想。梦想是可以放弃的，但是那些敢于坚持梦想的人，才能真正地将梦想从云端带到现实中来。

第七章 用户思维

以人为本，攻心为上

顾客就是上帝，这句话时而被人们追捧，时而被人们批判，但不管是以怎样的态度来看待这句话，重视用户总是没错的。对于传统企业来说，没有顾客就没有生命，而在互联网中，顾客变成用户。用户并不一定要消费，用户也不一定会为你带来直接利益，但用户是互联网企业的根基，是不可缺少的最重要的部分。如何获得更多的客户呢？攻心才是最好的方法。

/ 什么才是互联网企业的根本 /

自古以来，南来北往的商人都明白一个道理，顾客才是商业行为中最重要的部分，而西方也有“顾客就是上帝”这样的至理名言。如今，互联网企业迅速发展，商业行为的范围以及参与人数开始剧增，很多时候，商家甚至不知道自己的老顾客长得什么样子，是男是女，是年轻人还是中老年人。但请记住，顾客是商业行为的根本，即便你经营的是一家很少见到客户样貌的互联网企业。甚至对互联网企业来说，客户的重要性要远远超过传统企业。

为什么客户对于互联网企业来说比传统企业更加重要呢？这要从新型企业的产业模式说起。互联网企业与传统企业不同，变化的速度要远超传统企业，客户来自天南海北、各行各业，所以类型极多，想要满足所有客户的需求，就变成一件特别困难的事情。

2013 年，马云想到一个绝妙的主意——在 11 月 11 日那天举办“双十一”活动。这一天本来不算什么节日，但是在淘宝网和众多商家的努力下，这一天变成客户关注度胜过其他传统节日的日子。在“双十一”的几天里，淘宝的总销售额达到350亿人民币，在全国，甚至全世界都引起巨大轰动。有人说，马云是在这一天压榨了商家的利益，才吸引到这么多客户，才有了如此巨大的销售额。别看销售额吓人，实际上，商家利润并没有多少。那么事实真的是这样吗？

显然不是，“双十一”的爆发不过是马云平时对客户的重视所带来的红利而已，之所以会有如此惊人的爆发，完全是因为马云将这一天作为一个出口，而阿里巴巴之前从未给过这样一个出口。马云为客户做了多少事情，可能那些常用淘宝的人并不能切身体会到。但是，如果你经常使用其他的网站，你就会对淘宝客户至上的理念有一些理解了。举个最简单的例子，互联网企业都是非常讲究客户留存的，这个留存包括周留存、月留存等。这些内容将作为反馈，让企业不断地改善自己的政策和服务。马云发现，客户难以留存的一个主要原因是，很多不太常使用互联网的用户经常会忘记自己的账号和密码。为此，马云安排了淘宝网客服24小时工作制度，对于客户账号方面的问题必须给出解答，如果没有能力，就安排给电话客服，电话客服有权在客户出示真实信息后直接帮客户找回账号。

24小时客服工作制可谓是急用户之所急，淘宝网的账号涉及的不仅是用户的个人信息，还有交易、金钱等内容。如果因时间太晚而没有客服为客户服务的话，那么遇到问题的客户该多么心急。如果涉及金额较大的话，整夜都睡不着也是可能的。

马云重视客户，他不仅将客户当成上帝，更将客户当成自己的女朋友，还是脾气特别大的那种。与客户争是不明智的，任何时候客户有需求，都要想办法满足。如果你不能理解马云为什么那么在意客户的话，下面我们就讲解一下，对于互联网企业来说，客户有多么重要。

第一，对于互联网企业来说，客户担任着设计者的职责。很多人并不理解这一点，马云不是经常说客户大部分时候都是错的吗，为什么阿里巴巴还会将客户放在设计者这个位置上呢？其实答案很简单，不管是淘宝网还是阿里巴巴的其他产品，在界面设计等方面不是没有改变的。特别是智能手机兴起以后，手机 App 上的设计都是在不断变化的。这种变化的首要依据不是美观，也不是商业利益，而是人性化。只有客户喜欢、用着舒服的设计，才是好的设计。

秉持这一想法的还有其他互联网公司，例如，小米公司就堪称手机行业中最重视用户体验的公司。小米手机最让用户赞不绝口的莫过于 MIUI 了，实际上 MIUI 的出现比小米手机还要早。MIUI 刚刚出现的时候，就不断地搜集用户的意见，不断地改进功能，最终才拿出完整的作品用在小米手机上。之后，小米手机的用户会发现，手机升级的方向变成两个，一个是稳定版，一个是抢先版。所谓的抢先版，就是功能还不完善的版本，这个版本需要用户大量反馈，并且根据用户的反馈不断地改进，最终才会用在稳定版上。

一个用户可能承担不起设计师的责任，但是千千万万个用户，总是能够让你找到正确的方向。

第二，对于互联网企业来说，客户就是最好的广告。互联网企业和传统企业最大的不同在于，传统企业的名气是靠本地用户带动起来的，是靠多年的传承积累下来的，是靠传统媒体的广告扩大的。而互联网企业不同，任何一个客户在使用过产品以后，都可以在网上发言，让更多的人了解产品的使用感受、企业的服务质量和售后服务。很多传统企业并不怕客户被人抢走，因为酒香不怕巷子深，只要做好了自己的产品，随着时间的积累，总能有大量的客户。而新兴的互联网企业很难有秘密存在，任何一款产品只要上市，技术等方面的领先优势很容易被人逼平，因此个性化、用户体验、服务质量等问题就成为必须要注意的事情。即便你的产品质量极其过硬，只要服务质量较差或售后保障不好，那么客户不需要使用，只要上网去搜索一下就能知道了。

某大牌耳机在几年前生产过一款各方面都非常出色的耳机，但由于售后非常麻烦，用户担心的地方很多，销量并没有达到预期。如今，它的价格只有当时的三分之一，堪称高端耳机产品中降价最快的一款。很多人听说过这款耳机好，但随着时间的推移，其他厂商会在背后发力追逐，这款耳机逐渐被超越。因此，选择这款耳机的人始终不多。

其实对于互联网企业来说，客户所扮演的角色绝不只有设计者和传播者这么简单，用户是上帝也绝对不是一句空话。有越来越多的企业尝到了互联网传播速度的甜头，也有越来越多的企业看见了互联网狰狞的一面。至于互联网对你表现出的是善意还是恶意，最终还是由用户来决定的。用户会被过硬的产品质量所打动，会被企业诚挚的态度所感动，企业将越来越人性化、越来越亲切，与用户之间的关系也会越来越亲密，这才是未来互联网企业的发展趋势。

/ 社群经济，从个人到群体 /

社群，很难考证这个词究竟是什么时候出现的，但是最开始的社群和如今的社群，已经完全是两个概念了。过去的社群，是以人们的居住地点为界线，划分出的一个个紧密群体，这些人因地缘关系而有着相似的利益和诉求，最终结成亲密的利益共同体。如今的社群早已脱离了地缘关系，是依靠人们共同的兴趣、爱好、生活习惯等结成的爱好者群体。这些群体也有着隐藏的新型地缘关系，毕竟物以类聚，人以群分，即便他们使用不同的社交软件，也是因为他们有着相同的理念和观点。针对社群进行营销，成为让营销手段能够针对更多客户的必要因素。

阿里巴巴的营销早就在注意社群这件事情了，并且开发出不少针对社群的营销手段。就拿广告来说，阿里巴巴在推销产品的时候，针对不同的群体所制定的广告策略绝对是不一样的。有些社交软件上的内容非常含蓄、文艺，而另一些社交软件上就相对直接。这并不是一种歧视，只是因为不同社群的用户对于宣传的方式有着不同的喜好，文艺、含蓄的方式在一些用户眼中是非常唯美的，而在另一些人的眼中就变成矫情、做作。直接、简单的方式在一些用户的眼中可能不够高大上，但在另一些人的眼中则是诚恳、真实的。这种营销方式，可以针对目标群体采用全新的营销模式，满足大多数人的喜好，让营销的效果更上一层楼，让个人经济变成一种社群经济。

既然社群经济的时代已经来临了，那么我们应如何才能更好地利用这一点呢?

首先，社群经济并不能满足每一个人的需要，而是大多数人的需求。一样米养百样人，营销手段想做到细致到每一个人，至少目前是一件绝对不可能完成的事情。很多企业在营销的时候没有想到这一点，试图将群体的样貌进行细致的刻画，细致到每一个细节，可最后得到的回报只有用户的愤怒。粗略地用一个特征将人们划出群体，可以做出针对这一点的营销。但再继续细化，继续添加细节，就会有很多人被这个细节排除在外，甚至还会有一些人觉得自己被冒犯了。如果不想冒犯一群人，那就提出这个群体都有的一个点。如何去冒犯一群人，很简单，就是将你所认为的这个群体拥有的每个特点都提出来，那么只要有一项错了，就会冒犯到其中的大部分人，进而影响到所有人。

在营销的时候，我们可以细分群体，但不能自以为是地为这个群体打上所有的标签，只要打上那个最显性的、最被群体认可的标签就可以了。

其次，社群经济同样需要领头羊。社群是人们自发形成的群体，在其中的每个人都有共同特点、共同利益或共同想法。即便如此，也不能完全依靠营销手段。想要让某个群体对于产品的接受度更深，那么就必须要有人来引领他们去了解产品，去真正地认识产品的优点和缺点。

传统的商业模式中，产品代言人是必不可少的。很多厂商甚至不惜花费大量资金签下一些国际巨星来做产品代言人，以期让自己的产品获得更多人的喜爱与认可。对于互联网企业来说，代言人固然重要，但是产品的评测者和推荐者同样重要。自从互联网社会出现以后，几乎各个社群当中都有一些人脱颖而出，或是见多识广，或是牙尖嘴利，或是凭着与各个厂商之间的关系，成为社群当中的领头羊。他们虽然不是实际的领导者，但是他们的言论却能让这个社群中的大部分人信服。而这部分人对于互联网企业来说，其意义就相当于代言人。

如今，几乎所有互联网企业在发布产品的时候总是少不了自媒体的评测，随着自媒体越来越受重视，自媒体中还出现了KOL。KOL是英语“关键意见领袖”的缩写，就如同字面意思一样，他们在自己的行业里是话语权威，评测的可信度极高，他们是真正能够获得社群支持、引导社群走向的人。如果你觉得你的产品足够好，那么不妨邀请KOL对你的产品进行评测，只要在KOL那里得到认可，社群中势必会有很多人跃跃欲试，想要购买你的产品。

最后，培养自己的社群，让社群经济与粉丝经济进行转换，并且在其中找到一个点。再多的社群，只要不是自己的主场，想要让他们发出一致的声音是一件非常困难的事情。既然这样，还不如培养自己的社群，建造自己的主场。只要有了自己的社群，那么任何进入自己主场的外来者，要么被同化，要么被赶走。不论是哪种情况，都不会影响社群的和谐。魅族是中国手机行业最早做这件事情的公司，甚至要早过小米。魅族是中国第一个做安卓手机的厂家，但它的第一款安卓手机上市时，不仅价格高昂，而且问题很多。上市几个月后，小米就推出了自己的手机。虽然两者都有很多问题，但是小米胜在便宜。在网络上，对于两者的评价几乎是一面倒的。但是，在魅族论坛里，魅族的粉丝结成一股坚实的力量，在主场保护了魅族手机的口碑并贡献了许多销量。

永远都不要小看主场的力量，一旦我们拥有了自己的主场，那么至少在一块地方，舆论是不会轻易被扭转的。但是，这件事情有利也有弊，完全将社群经济转化成粉丝经济也不是好事。粉丝群体时间长了，会形成一个圈子，这个圈子还会衍生出属于自己的文化。圈子的文化体系一旦正式形成，就会产生强烈的排他性。那些新来的人在不熟悉圈子文化的时候，很容易遭到排挤。而新人本身也会觉得莫名其妙，不能理解圈子中的文化。所以，社群经济和粉丝经济可以在适当的情况下进行转换，但是不能彻底转换，否则对于社群的扩张是不利的。

社群并非无序，所以社群经济也并非不可控制。我们可以使用更多方式，将个人经济转化成社群经济，再让社群经济和粉丝经济互相转化，最终打造出坚实、忠诚的用户群体。只要有了坚实的用户群体，那么即便是犯了错，也有改正的机会；即便是经历了失败，也会有无数人愿意扶你起来。

/ 大数据时代，我们与用户更紧密 /

几年前，大数据这个词就开始不断进入我们的眼帘。虽然这个词出现的频率很高，但是对于普通人来说，它好像一直很远。正是借着人们对大数据的不熟悉，这个词开始被滥用。不管是传销、直销，还是其他与互联网产业完全没有关系的推销，都开始打着大数据的招牌吸引人们购买产品。大数据其实并不复杂，所谓的大数据，就是根据人们在网络上喜欢购买什么产品、购买什么价位的产品、最近经常搜索什么产品等情况，给出的准确的产品推荐。这种推荐具有针对性，它让互联网企业和用户之间的关系越来越紧密了。

阿里巴巴是中国最大的互联网企业之一，也是最早将大数据运用起来的企业之一。淘宝网能够提供的用户数据，是非常具有价值的。从你在淘宝网上搜索什么、浏览什么、购买什么，以及大概在什么价格区间，都能总结出非常有价值的信息。而针对这种信息进行推荐，总是能够让用户感到淘宝网很了解他们。马云在 2012 年时提出一个理念——将来阿里巴巴继续发展的三大要素就是平台、数据和金融。其中的平台是指马云的跨界战略和平台战略，而数据指的就是大数据。那么，大数据究竟有哪些具体应用？如何让企业与客户之间的关系更加密切？使用大数据又有哪些需要注意的地方呢？

首先，大数据并不是所有的数据。在谈论大数据的时候，人们往往将这三个字从字面意思来解释，所以在寻求数据时，会认为一切数据都有价值，都值得去分析、使用。实际上，大数据虽然是指大量的用户数据，但并不是所有数据都有价值。有相当多的数据虽然看起来有用，但并没有商业价值，只有那些有商业价值、有指导意义的内容才是真正的大数据。盲目地追求数据、相信数据，最终只能偏离自己的轨道，失去自己的风格。毫无个性的企业在互联网时代是很难生存下来的。只有那些做出自己风格、有自己无可替代价值的企业才能在互联网时代生存下来。

现在，中国最大的互联网企业就是“BAT”，分别是百度、阿里巴巴和腾讯。这三家企业都非常依赖数据。百度搜索本身就是依靠数据起家的，如今的百度能够根据用户的搜索内容直接提供广告，包括百度的中文社区和百度的其他产品。阿里巴巴同样如此，只不过阿里巴巴的经营范围主要是其他企业的产品，阿里巴巴本身是以服务为主的，这和百度形成巨大的差别。腾讯是靠社交软件起家的，而社交软件本身所带来的数据量就是巨大的，远远超过其他两家。但是，腾讯主要将其数据运用在游戏行业，因此人们总是感叹腾讯的眼光出色，总是能够将钱花在刀刃上，拿到会火的游戏。实际上，这些都是腾讯进行大量的数据分析后得到的结果。三家企业都是以数据为主，但是核心经营项目却不重合，这就是数据不滥用的结果。若贸然选择自己并不擅长的领域去和另外一家巨头对抗，将会得不偿失。

其次，大数据有利于企业平台化。如今，互联网企业平台化已经是不可逆转的趋势，几乎所有的互联网企业在做大以后，都开始转向平台，希望能构建属于自己的生态圈子。腾讯、阿里巴巴、百度、新浪、网易，这些互联网巨头都在各行各业铺开了自己的战略。但是我们之前说过，平台化、跨界经营必须要做计划、做准备。没有计划、没有准备的平台化、跨界经营，注定会失败。大数据是做准备、做计划的最佳凭据。大数据会为你展示未来客户的生活习惯、常用内容、喜好等。这些东西能够为你提供指导，让你在进场的时候全副武装，而不是赤身裸体。

阿里巴巴在开始做跨界、开始平台化的时候，搜集数据是先一步进行的。例如，当阿里巴巴想做快的打车时，就先向地图软件公司购买数据，用来作为自己拓展的基础。未来，阿里巴巴的天猫商城可以向亚马逊学习。亚马逊针对忠实客户有一种快递预计几天送达的服务。这种服务和我们平时网购的快递信息不一样，并不是追踪快递。亚马逊会搜集忠实客户购买产品的信息，挖掘分析他们购买产品的周期和种类。他们一旦得到一个结果，就会提前让商品进入仓储状态，客户一旦下单，亚马逊马上就能开始运送。如今的阿里巴巴已经开始跨界做物流了，菜鸟计划也有模有样地发展着。如果能够像亚马逊这样先行一步，那么菜鸟物流很快就能成为快递行业的领头羊。

最后，隐私是大数据绕不过的痛。大数据是科技发展带来的红利，但也是科技发展带来的问题。大数据能够搜集人们的生活习惯、爱好、兴趣，让企业为人们推荐他们更需要的东西，让企业不断完善自己的产品。但是，这种搜集数据的过程会让很多人觉得自己被冒犯了，觉得自己没有隐私、秘密。每个人都是有秘密的，每个人都有不愿意被其他人知道的事情，而大数据让这些东西无所遁形。这个问题一直被人们诟病，也就是说，过度使用大数据挖掘客户的隐私，是有可能产生爆发式负面反应的。

有一个经典的案例，应该被所有的互联网企业引以为戒。塔吉特是美国非常大的一家连锁超市，这家超市非常擅长使用大数据，经常会通过邮箱和手机短信息向客户推荐一些折扣商品。美国的一位父亲对塔吉特超市非常愤怒，因为他在邮箱当中发现塔吉特超市向他的女儿—— 一位十七岁的高中生推荐了婴儿纸尿片和童车。这位愤怒的父亲很快找到当地的塔吉特超市，并发起了投诉。塔吉特超市的经理从善如流，马上向这位父亲和他的女儿道歉。结果，一个月后，这位父亲发现他的女儿怀孕了。

塔吉特超市究竟是如何比这位父亲更早知道他女儿的身

体状况的呢？当然是使用大数据。塔吉特超市当时正在推销孕婴商品，但是年轻的妈妈们更喜欢去专门的商店购买这些东西，而不是超市。在美国，孩子的出生是一件非常公开的事情，出生记录是可以查到的。所以，年轻的妈妈一旦生下孩子，马上就会收到大量的优惠信息，塔吉特超市的信息会被淹没在信息的海洋中，没有任何优势。为了改变这种情况，塔吉特超市建立了一个数据库，里面有已经进入妊娠第二阶段时，准妈妈们会购买什么东西等信息。虽然这种信息未必完全准确，但是完全可以夹杂在其他商品的优惠信息中。如果命中了，那么准妈妈们会知道塔吉特超市也有她们想要的东西。没有命中也不要紧，就假装成例行发放的优惠信息。

这件事情体现出大数据的强大，但是更被人们广泛讨论的是，大数据是否侵犯了人们的隐私权。孕婴商品尚且不算糟糕，如果你在工作的时候，打开一张网页，发现阿里巴巴的广告为你推荐了一些成人用品或异性内衣，你的同事或上司又刚好站在你背后，那么这种情况是否会让你觉得尴尬呢？如果是我，我会觉得非常尴尬。所以，互联网企业在使用这种大数据的时候，请务必注意这一点：有些东西是可以推荐的，有些是不能的，因为商品的隐私程度，用户会有种被冒犯的感觉。

大数据是这个时代的福利，是企业能够为用户量身定制推荐内容的方法，是拉近与用户距离的重要工具和手段。但是，大数据虽好，却不应被滥用，否则必定会遭到大数据的反噬。

企业好不好，用户说了算

一家企业想要证明自己是一家出色的企业，想要获得成功，过于在乎业内人的批评是不可取的，只有用户才是最后的裁判者，只有用户才是最后决定一切的人。

在传统企业中，互联网主要负责营销，而在互联网时代，用户体验就变得更加重要了。例如，你购买了一款手机，觉得不好用，那么你马上就能够将自己的想法发到网络上，让其他人考虑到底要不要买这款手机。如果你在一家餐厅吃饭，认为食材不新鲜，也能够马上将消息发到网络上。在互联网时代，想要钻空子变得很难，一旦用户体验不好，被分享在网络上，便不会再有人上当了。

这个情况在很多领域都适用，人毕竟是感官动物，在很多情况下感官是能够蒙蔽理智的。特别是在人非常疲惫，不想花费心思在一件事情上的时候，感官上的刺激所起到的效果就远超其他方面带来的感受。Beats 耳机近些年成了网络爆款，购买 Beats 耳机的人往往是对音乐没有太多研究的人。在音乐爱好者中，Beats 恶评如潮，但是一直保持着高价位和高销量。

造成这个情况的原因就是Beats耳机为人们带来了极好的感官享受，带来了很好的用户体验。不是每个用户都是专家，很多人在购买商品的时候第一个观察的是外观，Beats耳机的外观设计非常新颖，符合年轻人对潮流的追求。

影视作品同样如此，如今的电影越来越多元化，但是好莱坞的流水线作业却形成一个相近的模式。很多电影缺少核心内容和思想，剧情也不佳，但是凭着演员的知名度、演技和影片在特效方面的大量投入，还是能够赚得盆满钵满。不能说他们对待用户不用心，只能说明直接的感官刺激更能获得人们认可。

用户体验是非常重要的，阿里巴巴对用户体验的要求远超人们的想象。阿里巴巴如今最不可撼动的两项产品是淘宝网和支付宝，在这两方面，阿里巴巴都下了大功夫去优化用户体验。2010年1月22日，那是一个很多支付宝工作人员一辈子都难以忘记的日子。那一天，马云召开了一次会议，在会议上播放了很多电话录音，这些录音是支付宝用户对支付宝体验的评价。即便事先通知了电话会被录音，很多用户还是难以压抑内心的怒火，指出了支付宝存在的很多问题。在这次会议上，马云告诉大家，支付宝现在最需要的就是提升用户体验。这件事情让支付宝的高管们痛定思痛，他们随后对支付宝进行了大力整改，最终有了我们现在使用的支付宝。

用户体验也是营销当中非常重要的一部分，中国有句俗话叫“眼见为实”，因此在市场上最吸引用户的，除了极高的性价比，就是良好的用户体验了。苹果公司的成功与良好的用户体验是分不开的，在苹果公司出现之前，各大公司鲜少有针对用户的体验店。只有少量财大气粗的公司会在一些大型城市开设不出售产品的体验店，将公司最新科技的产品展示给用户。苹果公司所开设的体验店，集展示、销售、售后为一体，有任何需求的用户都能在这里得到最好的享受。特斯拉的门店也借鉴了苹果公司的方式，甚至直接聘请为苹果公司设计门店的设计师来做这件事情，可见用户体验是多么重要。

用户体验是互联网企业最应该注重的东西，如今，网络言论的发酵速度远远超过十年前。一句话可以成就一家企业，也可以毁掉一家企业，所以不仅要重视用户体验，还要努力将用户体验做到极致。天猫商城就是提升用户体验的另一个例子。天猫商城原本是淘宝网的一个组成部分，叫作淘宝商城。但是为了区分不同规模的商家，淘宝商城从淘宝网中分了出来，成为天猫商城。天猫商城不管是在装饰还是服务上，给用户的体验都要超过原本的淘宝商城，给人一种高端大气上档次的感觉。特别是在 2009 年“双十一”的时候，天猫商城一战成名。在整个活动过程中，天猫商城不断地和用户分享究竟有多少用户在消费、到底消费了多少金额，活动创下了一个惊人的销售记录。而当天参与购物的人都是创造这项记录的一分子，天猫商城更是极大地提升了用户的体验。

如今，对于互联网企业来说，营销离不开用户体验，积攒人气和口碑离不开用户体验，寻找未来的方向更离不开用户体验。想要拥有更多的用户，那就要先将用户体验做好。

/ 为谁服务？大客户还是小客户 /

不管是传统企业还是互联网企业，在制定营销策略时都会面临一个问题，那就是——为谁服务。大客户实力雄厚、人脉广、渠道多，公信力也强，为大客户服务可以说是好处多多。但是，为小客户服务同样有好处，小客户数量多、忠诚度高，而且提升口碑的速度也比大客户要快。那么，究竟是为大客户服务重要，还是为小客户服务重要呢？看看马云给出的是怎样的答案。

马云对小客户的重视人尽皆知，在其他互联网企业还没有这种用户思维的时候，他就已经敏锐地抓住了这一点。不管是阿里巴巴刚成立时对中小企业的扶持，还是后期阿里巴巴的战略计划，主要都是面对中小客户的。这些中小用户和阿里巴巴一起成长，虽然它们的成长速度远不如阿里巴巴，但是很多已经今非昔比，成了阿里巴巴最忠实的一批客户，成了和阿里巴巴共进退的坚实伙伴。正是有这些企业做后盾、做基础，阿里巴巴才能如此快速地成长。

互联网企业与传统企业不同，在传统的商业模式中，资本的话语权占据主要地位。在这种情况下，大客户的地位是不可撼动的。而互联网经济与传统商业模式完全不同，通过互联网，任何人都能在上面进行贸易，从事商业活动。在大量小客户的簇拥下，企业所能得到的收获完全不比大客户少。

我们已经大致清楚了中小企业对阿里巴巴、对马云有多么重要了，接下来不妨谈谈与小客户进行贸易究竟有什么好处。

第一，满足中小客户的需求，是满足大多数人需求的一种方式。大客户代表的是少数人的利益，世界上大部分财富都掌握在少数人手中，这句话丝毫不假。但是，对企业来说，多数人所掌握的少数财富就已经赚不完了。那么在这种情况下，自然是满足越多人的需求越好。得到满足的人越多，企业的口碑增长就越快。当企业口碑积累到一定程度时，就不用忧心究竟是要服务大客户还是小客户的问题了，因为大客户也会因你良好的口碑而主动找上门来尝试你的服务。

第二，中小客户的数量能够为整个社会带来福利。企业的社会责任是获得评价非常重要的一块，阿里巴巴以小客户为主，为更多的企业带来了生机。仅仅是对物流行业，阿里巴巴就做出巨大的贡献。快递行业的飞速发展离不开淘宝，而快递行业的发展又为社会提供了大量的就业岗位。快递行业只是阿里巴巴为社会做出贡献的一个缩影，其他依靠淘宝发生变化的行业更是数不胜数。

第三，和中小客户进行贸易，有利于保证资金链的健康发展。在商业行为中，企业的规模越大，规章制度就越多，贸易的流程也就越长。和一家大企业进行贸易，等对方一步步走完流程，资金到你手中的时间可能长达几个月甚至一年。而如果是和中小客户进行贸易，几百块的资金很快就能到你手上。即便是中间出了什么问题，损失的金额与时间也在可以接受的范围内，不会给企业带来太多的损失。

第四，和中小客户交易，是一个积少成多的过程。大客户最大的优势在于实力雄厚，但是大量的中小客户集合在一起，他们所能带来的财富并不比大客户少，甚至有时候还能超越大客户。每个人都会犯错，企业也是如此。如果一家企业服务的对象以大客户为主，一旦犯错，丢失了一个客户，那么就会造成巨大的经济损失。而小客户的体量没有那么大，失去一两个客户，企业的损失就没有那么大。所以，以小客户为主，得到的并不少，但失去时损失也不大，这种好处是与大客户交易时享受不到的。

第五，中小客户不会永远都是中小客户。人是有成长性的，企业也是有成长性的。过去囊中羞涩的学生，将来总会长大，走上社会成为上班族。到了这个时候，他的消费习惯和消费水平就会提到极大的提升，而你的企业自然也会得到好处。服务中小企业也是如此，有一些中小企业必然会成长为大企业，如果它们能够一直是你的客户，那么你就能够收获一批大客户了。市场竞争是非常激烈的，争夺客户也不是容易的。跟客户一起成长，不仅可以避开激烈的市场竞争，更能够收获客户长期的忠诚。

服务大客户还是小客户，这是个值得深思的问题。但是，为客户提供更好的服务，让自己拥有更多的客户，这绝对不是什么值得深思的问题。不管是为什么规模的客户服务，最重要的还是要以人为本，将客户放在第一位。客户有了更好的体验，得到更好的服务，企业才能做大，才能够成长。阿里巴巴在前期一直处于赔钱的状态，是靠不断融资才撑下来的。虽然马云没有赚到钱，但却收获了一大批客户，很多中小企业甚至写来了感谢信，告诉马云，他们是如何因阿里巴巴的中小企业扶持计划而生存下来的，是如何因阿里巴巴的政策而得到发展的。这些人是阿里巴巴的第一批客户，也是阿里巴巴最忠诚的一批客户。

当你需要抉择是面对大客户还是小客户的时候，请记住，对于创业者来说，客户越多越好。所以想要迅速成长，不妨以小客户为主，积累口碑与人气，这样才是最佳的选择。

/ 从用户到客户 /

谈到互联网，谈到网络，流量是个必须被提及的词。互联网刚刚出现时，绝大部分网站是靠流量生存的。有流量，才有收入；有流量，才有广告。在当时，流量主要是指网络流量，是真正的数据流，是网站是否有人气的衡量标准。而如今，人们使用流量的成本越来越低，能够带来的利润也越来越低，流量一词的意义也在逐渐发生转变。如今，流量一词所指代的已经不是真正意义上的数据流量了，而是用户流量。点击量、浏览量，已经不再是最重要的东西，浏览人次、留存用户数量变成衡量一家网站热度的重要标准。

有了足够的用户，就说明一家网站有了足够的流量，对企业而言也是如此。不仅互联网企业，传统企业同样可以用流量来表示受欢迎的程度，来代替一些传统的统计方式。流量并不是出货量这样精确的描述，而是一种用户数量的描述。例如，我们在谈论一家超市是否受欢迎时，要计算营业额、净利润，同样不能忽视流量的重要性。即便这家超市营业额并不高，但是有足够的人流量，那就说明这家超市是有巨大潜力的，只要加以改进，就能够将来往的用户转变成客户，将流量转变为收益，很多企业是这样做的。

阿里巴巴最开始的时候一直采用免费的模式，因此积累了大量用户，但是国内的投资者对这种经营模式并不熟悉，所以马云找投资的时候处处碰壁。而其他国家早就有类似的经营模式，所以软银的孙正义一眼就看出阿里巴巴有着巨大的流量，这就是有潜力的表现。于是，孙正义为一直亏损的阿里巴巴投资，拯救了阿里巴巴，也为自己找到一只会下金蛋的母鸡。阿里巴巴第二次将流量变成收益，是在其巨大流量人尽皆知的时候。在这种情况下，很多第三方的广告商找到阿里巴巴，希望能够在阿里巴巴上刊登广告，这就是流量的优势。所谓流量，并不需要有多少人真正在企业消费，也不需要真正去销售多少产品，只要来往的人数够多，那么对于广告商来说，就是有巨大价值的。广告只需要曝光率，只需要有人看见他们的广告，目前就已经达到了。

脸书（Facebook）在平台化之前，广告是他们所有的收入来源，正是因为 Facebook 有着巨大的用户群，并且这些用户使用 Facebook 的频率很高，让广告商觉得在 Facebook 上投广告是物有所值的，所以 Facebook 才能迅速吸金，成为社交网络的巨头。传统企业的巨头同样重视流量，沃尔玛在选择超市地址时，最注重的就是人流量、人流量和地区的繁华程度并不一致，很多销售高档商品的地区并不会被沃尔玛选做地址，因为这些地方的商品定价过高，虽然地区营收状况极佳，但是对于一家超市来说并没有什么好处。沃尔玛只会将超市建在那些人口稠密，人流量巨大的地方。一旦选好了地址，沃尔玛就会做出几年的计划来。在这几年中，只要人流量能够保持，即便是赔钱，沃尔玛也会咬牙坚持，因为只要有足够的流量，赚钱是早晚的事。

说来说去，还是要回到最开始的话题，如何让用户变成客户。

第一，客户是双向的，不是只有用户才是客户。在这里，我们一直想表达的是，有用户就有客户，而不是一定要将用户变成客户。用户是我们所服务的人，客户同样是，但是双方享受的服务并不一样。就如同 Facebook 一样，上面的用户一直是免费使用 Facebook 的核心社交功能的，大量的用户带来了巨大的流量，于是广告商就找上门了。这个时候，Facebook 的客户就是广告商。当 Facebook 开设小程序平台的时候，为程序付钱的是 Facebook 的用户，但是 Facebook 赚取的却是开发者的钱，而不是用户的钱。就是这种关系，让 Facebook 既能保持免费时所带来的巨大流量，也能够保证自己有足够的客户，实现盈利。

第二，不对称付费，让用户吸引客户。在这个社会，信息扮演了越来越多的角色。每个人都在寻找自己想要的东西，而寻找的最佳方式就是想办法得到足够的信息。如同谈恋爱一样，女性在寻找合适的男性，而男性也在寻找合适的女性。单单从谈恋爱这件事来说，国外的婚恋网站就可以大做文章。在相亲这件事情上，女性往往表现得比较内敛，而男性则相对大方、主动。很多女性并不愿意让别人知道自己在相亲，因此婚恋网站上女性用户的数量远远少于男性用户，信息的完整程度也较差。为了解决这件事，一家婚恋网站干脆将女性用户的信息保密，而男性用户的信息则是完全公开的，如果男性用户想要获得女性用户的信息，那么就必须付费。这种做法既满足了女性希望保密个人信息的想法，又为这些女性找到愿意为了认识她们而付费的男性，为网站找到盈利的方式。

很多国外的酒吧也采取了这样的经营方式，喜欢去酒吧的男性数量远高于女性，而很多人去酒吧只是为了猎艳、跳舞，却不肯在里面消费。于是，酒吧就想出女士免费入场，男士凭票入场的经营模式。女士们成了免费用户，而男士们成了付费客户，免费用户创造了流量，付费客户提供了收入，用免费用户来吸引付费客户，双方各取所需，毫无怨言。

流量是将客户变成用户的关键。缺少流量说明缺少用户粘度，或者用户粘度在下降。这不仅是一个风向标，更是企业制定战略的必要因素。只有重视流量，才能够拥有更多的客户，用户也才能展现出真正的价值。

第八章
免费思维

免费的东西才是最贵的

如今，我们生活中离不开的东西有多少是免费的呢？淘宝网是免费的，腾讯QQ是免费的，百度搜索是免费的，360安全卫士是免费的，美团网是免费的……免费的东西太多太多，而收费的东西却少之又少。可即便如此，我们口袋里的钱仍然在不断地减少。显然，这些“免费”的东西赚走了我们的钱，甚至比那些收费的东西拿走的更多。

/ 免费，你可以获得更多 /

现在几乎每个中国人都知道阿里巴巴是一家成功的企业，不少人对马云的发家史也了如指掌。但也有很多人是不服气的，他们认为马云不过是做成了中国第一个互联网购物平台，如果他们早生几年，一样可以做这件事情，一样可以取得马云那么大的成就。马云的确是乘了一股互联网的东风，但马云不是没有竞争对手的。即便阿里巴巴诞生得足够早，可这个世界上不是只有一家网购平台，在阿里巴巴做大之前，世界上最有影响力的购物平台莫过于 eBay，就连亚马逊也无法企及。eBay 在很多国家获得了成功，包括很多当时经济水平和中国相差无几的国家，但却在中国遭到阿里巴巴的狙击，最终一败涂地。

那么，阿里巴巴是用什么战胜了起步比自己更早、更强大的 eBay 的呢？答案非常简单，就是免费两个字。eBay 从来都不是一个免费的网站，在 eBay 上出售商品，要按照件数收钱。而阿里巴巴不同，它是免费的，如果你想要更好的服务，才会收钱。有人说 eBay 失败是因为它不懂中国，阿里巴巴更懂中国，这一点也没有错。阿里巴巴明白，在那个时候，中国人并没有富起来，所以免费的模式才是最好的，免费的模式才是能够获得最多人认可的。正是因为阿里巴巴明白这一点，eBay 才在中国折戟沉沙。

免费这两个字就是如此具有吸引力，就是如此让人欲罢不能。但是，免费的东西往往是最贵的。而提出免费这个想法的人，最后会得到更多。当市场中同类的东西都在收费时，只有一家是免费的，那么这一家必然是所有人优先考虑的对象。而如果免费的东西在某种程度上不比收费的东西差多少，那么他的用户群必然会是庞大的。互联网时代做免费产品的人不少，第一个将免费口号喊出来的是 360 安全卫士的周鸿祎。不客气地说，周鸿祎改变了整个中国互联网杀毒软件的格局。原本在中国，市场占有率最高的杀毒软件是瑞星和江民，金山也占有一席之地，当功能并不逊色于它们的360安全卫士出现时，几乎所有的用户都成了 360 安全卫士的拥护者。

世界上很少有东西是真正免费的，所谓的免费，背后永远是让你花钱的东西。这种收费模式非常常见，几乎渗透了整个互联网经济圈。淘宝网是免费的，但是如果想要让你的店铺变得更漂亮，就要花钱购买模板来装修店铺。越是复杂和漂亮的模板，就需要越多的费用。腾讯公司当下最火热的游戏英雄联盟是免费的，但是这款免费游戏的吸金能力超过大部分收费游戏，因为你想要让游戏的体验更好，想要在竞技中崛起得更快，就必须适当地投入金钱。百度的网盘服务是免费的，但是一旦过了试用期，想要将你存进去的东西拿回来，就变成一件非常困难的事情，令人烦躁的速度逼着你不得不去开通一个会员，继续享受试用期时才能享受的速度。正是这种免费模式，让这些互联网企业赚得盆满钵满。

所以，创业者不必担心免费这个策略是否正确，收费有收费的道理，免费自然也有免费的盈利方式。需要注意的是，免费这件事情也不是所有人都能做好的，在免费这件事情上吃败仗的企业不在少数。那么，如何才能做好免费这件事情呢?

第一，免费做主体，附加服务收费的情况下，附加服务一定要有价值。如今市面上免费产品的收费模式主要有两种：一种是产品的主体免费，但是让主体变得更好的附加服务是收费的；另一种是阉割版产品是免费的，想要使用完整的服务是收费的。在这里，我们主要针对的是前一种。

最先让人们看见附加服务价值的企业非腾讯莫属，腾讯QQ是中国乃至世界上使用人数最多的社交软件，但是最开始腾讯QQ是一款完全免费的产品，靠着为数不多的广告赚取收入。这种盈利模式并不优秀，腾讯QQ这样一款用户基数巨大的软件，明显是有更大潜力的。随后，腾讯QQ推出QQ秀，即花钱购买虚拟服装可以让你看起来比你的好友好看，且与众不同。这很快就成为腾讯新的盈利点，QQ秀几乎是无本万利，而腾讯QQ巨大的用户基数决定了即便大多数人不肯在这上面花钱，但只要有少数人买单，腾讯也会大赚一笔。QQ 秀在很长一段时间里都赚到了钱，但是人们很快就发现，QQ 秀的实际价值太低，如今 QQ 秀已经被大多数人遗忘，成为一个可有可无的业务。

相比 QQ 秀，淘宝店铺的附加服务就非常有价值了。淘宝店铺装修的意义和实体店铺装修的意义是一样的，店面就是商家的脸面，任何一家有实力的企业都不会希望自家店铺的门脸是最简单、是和其他人一样的。店铺的门面是向客户展示企业精神的第一个窗口，也是企业实力、企业品位的象征。如果某家号称旗舰店的店铺没有精良的装修，那么前来购物的客户第一时间就会萌生出这家店不靠谱，可能是山寨店铺的想法。

第二，免费要能增加用户粘度才有意义。我们之前大概描述了免费产品的两种模式，这里主要针对的是阉割版产品免费、完全版产品收费的模式。这种模式的产品也不少，其中大多是软件产品，销售主体不是服务，而是货真价实的产品。如今电子设备越来越发达，人们能够利用软件产品做的事情也越来越多。之前剪辑视频、剪辑音乐、制作图片等事情都需要专业人士来完成，现在很多中学生都能做，只是精致程度有差别而已。产生这个现象的主要原因就是现在的软件越来越人性化、越来越便利了。

但是，一款好用的软件被制作出来，最主要的目的就是盈利。如果不能盈利的话，谁会费劲心力去做那些好的产品呢？不过，如今的软件市场竞争同样激烈，鲜少有用户会在完全没有使用过一款软件的情况下花大价钱去购买。免费是必须的，只有免费才能够让用户知道这款软件到底好不好。

很多软件厂商在免费这件事情上走入一个误区，认为免费这件事情仅仅是用来向客户展示产品的，于是将全部功能限时免费，完全免费的只是一些平时不会用到的鸡肋功能。这种免费模式造成的结果就是，大部分用户在过了免费试用期以后就放弃了这款软件，因为剩下的功能完全不足以支撑日常使用，不能让他们有付费的欲望。而另一些软件采取了部分核心功能完全免费，而另一些核心功能需要收费的模式。这种模式就远比之前的那种要好，部分核心功能免费就能够让大部分用户不卸载这款软件，增加了保有量。而一旦有一天，这些用户需要用到收费功能时，第一时间想到的不会是寻找另一款免费软件，而是付费购买新功能。这种方法不仅增加了装机率，增加了用户粘度，更是吸引了大量潜在的付费用户。

第三，免费对企业来说也是有成本的。其实，很多用户并不了解互联网企业的运营方式，在他们心中，互联网上的东西不是实体的，买了就是亏了，干嘛要付钱。其实对于企业来说，在产品上线之前，就已经花费不少了。不管是界面设计还是程序编制，都需要花费大量的人工费用，更别说日后的版本更新、维护了。网络服务花费更高，如果想要保证用户有更好的服务，每个月租用服务器都是一笔不小的开支。企业要走免费路线，就必须让用户知道企业提供的免费服务不是没有成本的，用户可以不花钱，但是在使用的时候不能完全心安理得，至少要心怀感激。

每一个用户对于企业来说都是宝贵的，即便是免费用户，也是非常有价值的。用一句俗话来说，那就是有钱的捧个钱场，没钱的捧个人场。何况，每一个免费用户都是潜在的付费用户。只有当用户知道企业的免费不是无根之水，是企业的默默付出时，用户才能予以理解，而不是一味地震怒，一味地抨击企业忘记了初心。

第四，只有免费做好了，才能更好地收费。任何商品都有一个不断完善的过程，传统企业的产品在制造完毕以后需要聘请专业人员进行测试和调整，最后才送到市场上接受用户的检验。如果用户不满意，那么就需要重新调整产品，甚至推倒重做。这个过程对企业的伤害是非常大的，因此企业在开始盈利之前，每一天都是在亏钱的。互联网企业有这样一个优势，那就是产品不需要物理的生产线，即便是将之前的产品推倒重来，损失也要小于传统企业。

正是因为互联网企业初期有着转型方便的特点，所以并不需要特别聘请专家来测试。用户是我们最可靠的测试人员，因为我们的产品最终就是要面向用户的。只要得到用户的肯定，那么产品就是合格的。免费就是我们聘请测试人员的最佳方法，将免费的产品送到用户手上，然后从用户那里得到反馈，这个过程不必有任何额外的付出。虽然将盈利的时间推后对企业来说是一种损失，但今天的免费是为了未来更好的收费。只有当用户为我们测试过产品以后，我们才能确定产品的细节已经得到完善，产品已经具有收费的价值。这个时候将产品推上市场，势必会得到更好的反馈。

任何时候，免费都不是我们的最终目的。不管是将免费作为噱头，还是作为手段，甚至作为一种工具，最终的目的都是为了盈利。只有能够盈利的产品才是好的产品，而最好的企业能够将免费变成一种盈利手段，这才是企业能够细水长流、屹立不倒的根本原因。

/ 先抓用户再抓钱 /

阿里巴巴的产品多得惊人，但是最广为人知的且使用人数最多的莫过于淘宝。淘宝的强大是毋庸置疑的，如今我们每个人的生活都与淘宝息息相关。淘宝是阿里巴巴最有力的武器，是阿里巴巴打开其他市场、推广其他产品的重要工具，淘宝是其发展的根基。淘宝对阿里巴巴来说是不可替代的，因为其根本不是技术，不是资本，而是用户。正是因为淘宝网有那么多的用户，阿里巴巴才能够所向披靡，才能够不管推出什么产品都有人捧场、有人尝试。

阿里巴巴的免费之路是很长的，可以说一直到现在，阿里巴巴旗下的绝大部分产品还是免费的，这为淘宝网打下了坚实的群众基础。如今，这种免费的商业模式成为主流，但是在马云制定这个战略并将其作为阿里巴巴发展的基石之一时，免费这件事情并不被人们所看好。互联网企业的免费并不是没有成本的，阿里巴巴的免费可以说一直在烧钱，但是马云明白，欲速则不达。一个全新的模式想要让更多人了解，想要让更多人使用，免费才是最好的宣传。正是因为马云为阿里巴巴制定了免费策略，中国人才真正明白了电子商务是个什么东西、到底有没有前途。也正是免费策略让阿里巴巴在这个刚刚起步的行业中拥有了大量的用户。

用户比钱重要，虽然商业活动的最终的目的是为了赚钱，但是只要拥有用户，即便全部是免费的，最终也可以实现盈利。总之，在从免费转向盈利的过程中，常见的方法有以下几种。

第一种，产品平台化。我们一直在说，互联网企业平台化是一种趋势，但是我们也必须注意到，产品平台化的关键是有大量的参与者做支持。既要有大量的开发者，有愿意参与进来的企业，还要有大量的用户。只有平台用户的数量足够多，才能吸引优秀的开发者前来发布自己的作品，谋求更好的发展前景。其他企业也会被用户数量吸引，加入平台，成为平台的一分子。这些企业又会带来新的用户。如果一个平台只靠几个优秀的开发者、几款优秀的作品来支撑，那么这个平台是不可能发展起来的。

用户群是基础，但却不是决定平台化能否成功的关键因素，核心产品和用户群在平台化的过程中是缺一不可的。在中国互联网高速发展的时候，开心网成为一匹现象级的黑马。偷菜、停车位的玩法都是从开心网开始的。在这段时间里，开心网积累了大量用户，但却无法留住这些用户。偷菜、停车位这些游戏虽然好玩，却无法提供牢靠的用户粘度，并且容易被复制。一旦其他用户数量更大的平台也有偷菜、停车位的玩法时，用户就会全面转向另外一个平台。Facebook 则是另外一个成功的例子。Facebook 是国外第一社交软件，在拥有庞大数量的用户群以后，Facebook 开始转向平台化，为开发者们提供上传自己研发的游戏和小程序的地方，微信小程序就是借鉴 Facebook 制作的。凭借庞大的用户群及核心玩法对用户的粘度，Facebook 的平台化策略一举成功。

第二种，温水煮青蛙。过去，商业创意经常成为商业行为能否成功的关键，但是在互联网社会，任何创意方面的内容都相对透明，竞争对手想要模仿也是非常便利的事情。在这种情况下，谁拥有更多的用户，谁就能够成为最后的胜利者。特别是在平台化这件事情上，用户更是重中之重，用户是平台的根基，是平台的生命线，离开用户谈平台，平台二字就是空谈。将平台设为免费，带来的损失并不多，但是平台上提供服务的人往往不愿意损失自己的利益，这些人大多是中小商家，一旦免费，他们就彻底失去了立足的根本。因此，平台为了吸引用户，往往会采取温水煮青蛙的方式。

近几年，国内互联网平台发展最快的类型是什么？毫无疑问，是外卖平台和打车平台。这两样分别占据了衣食住行中的食和行，每个人都离不开。大量的打车平台和外卖平台如雨后春笋般涌现，开始争夺用户。面对激烈的竞争，各大平台纷纷打起价格战，通过发放红包、提供免费饮料等方式，将用户的消费逐渐降低到一个近乎免费的程度。各大平台所比拼的就是烧钱，用户是现实的，在服务相差无几的情况下，自然是哪边价格更低就往哪边走。但是平台最终是要盈利的，羊毛还是会出在羊身上。当竞争结果逐渐明朗，撑不住的平台纷纷退场以后，平台能给用户的红利开始逐渐降低。但是，大量的用户已经站好了队，可选择的其他商家也已经离场，这个时候各平台的用户群才真正的稳定下来，真正开始盈利。

温水煮青蛙这种方式并不是真正的免费，而是利用平台福利达到一种接近免费的效果。而这样做的最终目的是拉拢更多的客户，将其他的竞争对手击垮，最终独占用户。一旦吸引到足够数量的用户，福利的发放就可以逐渐减少，恢复正常的收费标准。而庞大的用户群就成为盈利的基础。

第三，传统企业也可以有自己的免费模式。的确，从免费这件事情上来说，互联网企业有着更多的优势，但如果说免费模式是互联网企业的专利，那就错了。传统企业也能够借鉴互联网企业的做法，开创属于自己的免费模式。

其实传统企业的免费模式早就有了，各大化妆品厂商一直在推出免费或者价格近乎免费的小样、赠品，各大超市也有免费品尝的食品，这些都是传统企业对于免费模式的一种使用。而电子产品的线下体验店，同样是一种免费模式。一些美容院、理发店、健身房等以服务为主的行业推出体验卡都是一种免费模式。免费模式在传统行业并不罕见，但效果却往往不如互联网企业那么好。问题究竟出在哪里呢?

互联网企业的免费往往是单向的、不需要反馈的，用户可以自行体验，体验结束以后做出自己的选择。而传统企业的问题是，那些免费体验的用户往往会受到“纠缠”。不管是服务业还是销售业，在用户免费体验的过程中，都会有人不停地游说他们花更多的钱购买商品，这就失去了免费的意义。免费是为了让用户有体验的机会，做出自己的选择，而不是找个理由去接触更多的用户。过度的游说，难免会让用户产生一种被钓鱼了的感觉。最终造成的结果是，大多数客户谈免费而色变，听到免费二字不仅没有积极性，反而退避三舍。不是传统企业不能使用免费的方式，而是一些企业将免费这件事情做偏了。如果真的想要利用免费推广自己的产品，让自己有更高的人气，那么不妨将选择权交给用户。

用户是企业生存的根本，没有用户也就没有收入，先抓用户后抓钱。从某种意义上来说，互联网用户的选择更少，忠诚度更高，一旦认准了一家企业，就很少会改换阵营。抓住了用户，那么就是抓住了未来盈利的机会。

/ 免费的最终目的是壮大自己 /

商业活动中的竞争是不可避免的，竞争的方式也多种多样，单单从性质上来划分，就包括恶性竞争和良性竞争两个大的模式。恶性竞争中，最可怕的莫过于价格战了，一旦开战，参加“战争”的双方就要不断地烧钱，日复一日地承受损失，直到有一方坚持不住，主动退出战场。我们一直在说免费这件事情，那么采用免费的策略算不算是打价格战呢？

免费策略其实不算是一种价格战的手段。所谓的价格战，是与竞争对手之间的战争，最终的目的是将对手赶出自己的领域。而免费策略的对象不是竞争对手，而是用户。如果能够争取到足够多的用户，相信竞争对手会知难而退。甚至有时候，我们可以选择与一些竞争对手结盟，共同想办法争取到更多的用户。

2017 年，中国的通讯行业迎来了大洗牌。各大运营商纷纷改变自己的经营策略，传统的漫游通话彻底成为历史，流量的价格越来越优惠，甚至有运营商开始与互联网企业合作，定制免流量手机卡。免流卡的价格低廉，优惠又多，很快就受到消费者们的喜爱。针对不同的人群，百度、腾讯、阿里巴巴、新浪等互联网巨头都推出了自己定制的免流卡。一时间，用户挑花了眼，这些软件都是平时生活中常用的，如何取舍成为一个巨大的难题。这样的竞争很难分出胜负，实际上除了个别重度用户外，很少有用户会需要某几款软件的免流，所谓免流带来的实惠其实并不比普通的手机卡多很多。

聪明的互联网企业很快就发现了这件问题，为了获得更多客户，它们马上各自结成联盟，扩大免流的范围。购买百度大圣卡，不仅可以在使用百度地图、百度贴吧等软件时免流，使用新浪微博等热门软件的时候同样可以免流。腾讯的大王卡也找到自己的合作伙伴，不仅腾讯自家的软件全部免流量，酷狗 K 歌、斗鱼直播、虎牙直播、安居客、美团等也被纳入腾讯大王卡的免流范围。为什么这么多的软件都愿意牺牲自己的流量，加入免流的阵营呢？答案其实很简单，因为企业最看重的还是用户的认可，通过用户的认可来壮大自己。

试想，如果使用腾讯大王卡的用户远超其他免流卡用户的数量，这部分用户在选择软件的时候势必会优先选择腾讯大王卡能够免流的软件。比如，同样是直播软件，腾讯大王卡的用户就会优先考虑安装斗鱼直播和虎牙直播，而不是熊猫或火猫这样不免流量的直播软件。在选择音乐软件的时候，也会优先考虑 QQ 音乐、酷狗音乐，而不是网易云音乐。这是一件互惠互利的事，市场那么小，竞争对手那么多，将所有人都当成敌人一并击垮是不现实的。只有不断寻找机会，壮大自己，才能从残酷的市场竞争中脱颖而出。

就在几乎所有互联网大企业都在做免流卡的时候，阿里巴巴也加入其中。但是，阿里巴巴所选择的盟友远比其他企业要强大。中国用户最多的浏览器软件 UC 和用户最多的视频软件优酷加入了阿里巴巴免流卡的范畴。这两款软件是吃掉大多数年轻人流量的“罪魁祸首”，而阿里巴巴拿下了这两款软件的合作权，真正将免流量这件事情做到了实处，做到了让用户满意。或许与优酷和 UC 合作需要花费不小的代价，但阿里巴巴还是做了。那些想要使用 UC 或优酷的用户，优先考虑办理的自然是阿里巴巴的阿里宝卡，那么购物软件的首选自然是淘宝，而不是京东或苏宁易购等。

免费的真正目的是壮大自己，切记这一点。永远不要想着利用免费这一点去击垮对手，你可以做到的，对手也可以做到，一旦双方因想要击垮对手而展开免费大战时，那么最终只能落得个两败俱伤。

利用免费来壮大自己，要有始有终。马云从最开始决定做免费的时候就将前提条件告诉了所有入驻的商家，免费并不是永远的，而是三年。三年以后，淘宝最基础的店铺仍然没有收取费用，只是需要缴纳一笔很低的保证金。如果用户想要关闭店铺，经过淘宝检查后没有问题，这笔钱是会退还的。马云的做法就是典型的有始有终，即便是免费的，也不能开始得莫名其妙，收费更是要让所有用户都知道原因。如果没头没脑地制定免费或者收费策略，只能让用户觉得莫名其妙。

很多企业在做活动的时候就没有抓住这个点，经常做没头没脑的事情。例如，各大超市门前经常有企业举办一些免费活动来打响自己的名气。用户只要扫个二维码，就能够领取一些实用的礼品。看似简单的过程，却并不是所有人都能接受。的确有很多人喜欢免费的小礼品，会毫不犹豫地去扫码，但也有一些警惕性较强的人，对扫码这件事情充满怀疑，生怕别人利用电子产品骗走自己的钱。如果能够为这件事情设立个名目，甚至适当地提出一些不用花钱的要求，用户会更加安心，更加乐于参与免费的活动，领取免费的礼品。

不管是传统企业还是互联网企业，都明白免费能够为企业吸引人气，创造更多的流量，提升企业的商业价值。但是始终要记住，免费的最终目的是壮大自己，不能将免费作为武器攻击对手。杀敌一千，自损八百，看似获得了胜利，但可能还有其他对手在旁边虎视眈眈。

/ 如何从免费的大潮中脱颖而出 /

当免费经济越来越深入人心，免费模式从互联网企业走到生活中的每一处，免费就不再是个能够赚取人们眼球的噱头，甚至有部分用户已经形成固定的观念，认为免费的才是正常的，收费却是歪门邪道。那我们使用什么方法才能将免费这件事情做得清新脱俗，从众多同类产品中脱颖而出呢？

阿里巴巴的免费方式就是另辟蹊径。在传统的电子商务中，平台是靠抽取中介费用盈利的，不管是 eBay 还是亚马逊，都是这样做的。如果不是阿里巴巴，这种收费模式可能会一直持续下去。这样的收费模式为买家和卖家都带来了巨大的不便，因为平台要抽取中介费，所以买家和卖家是不能联系的。一旦双方达成一致，选择撇开平台私下交易，那么对平台来说这笔生意就泡汤了。当然，这就造成买家与卖家之间信息的极度不对称，几张图片和几句描述往往不是买家真正关心的内容，甚至有很多卖家会利用照片欺骗买家，不少人就在 Ebay 上买到了货不对板的东西。

阿里巴巴选择了反其道而行之：交易并不抽取中介费用，

也不禁止买家与卖家交流，甚至鼓励买家和卖家进行交流。这种情况下，买家买得放心，不好的卖家无处遁形。这不仅有利于阿里巴巴树立更好的口碑，更是为阿里巴巴的收费项目打下了坚实的基础。那么，阿里巴巴究竟是靠什么盈利的？收费模式又是怎样的？

或许在很多人眼中，淘宝网和支付宝就是阿里巴巴最早的产品，其实并非如此。我们多次提到阿里巴巴是为中小型企业服务的，而淘宝网所服务的用户更多是个人。阿里巴巴本身是个体量极大的商品贸易中转站，不管是国内贸易还是对外贸易，你总能在阿里巴巴找到合适的对象。而阿里巴巴的收费项目，也正是围绕着贸易这件事情来的。

诚信通曾是马云最重视的项目之一，也是阿里巴巴用户最常用的产品，任何针对诚信通的改变必须经过马云的同意。诚信通是阿里巴巴俱乐部的门票，一旦购买了诚信通的会员，那么就能够享受很多额外的服务。阿里巴巴会为企业的产品做推广，会帮助卖家与更多的买家建立联系。成为诚信通的会员，还有很多额外的增值服务可以购买，这些服务能够帮助卖家更好地进行电子商务。

网销宝是建立在诚信通会员上的增值服务，购买了网销宝以后，就能通过竞价的方式将产品优先推荐给买家。或许有人会觉得这个服务会让卖家之间的竞争变得很不公平，但实际上，即便是优先推荐，价格也是透明的，而竞价中出价过高势必会影响到产品的成本。究竟如何在盈利和销售中间寻找一个平衡点，将成为每个网销宝用户要考虑的问题。

生意参谋是阿里巴巴推出的一款重磅产品，大数据被广泛应用以后，阿里巴巴手中的信息产生了新的价值。大量的数据能够为依附于阿里巴巴的卖家分析各种产品的价格走势与买家的习惯和特征，让销售这件事情变得更加容易。

短信资源包是个将电子商务与线下生活连接起来的服务。一旦有任何风吹草动，阿里巴巴就会用短信提醒，让你不错过任何机会。

这只是阿里巴巴众多增值服务中相对核心的几个，从中不难发现，阿里巴巴的收费并不是必须的，这些收费项目如果你足够用心，都可以自己做到。但是，阿里巴巴为你节省了更多的精力，这些服务虽不能做到雪中送炭，但却能够锦上添花。简单来说，阿里巴巴的增值服务并没有影响交易的公平性，只是为卖家提供了更多的便利，让交易更加舒心。

阿里巴巴的核心服务永远是免费的，这和其他公司的经营方式不一样。这不仅需要强大的自信，更需要有超越他人的智慧。核心服务免费毫无疑问是吸引用户的杀手锏，不购买增值服务一样可以经营下去。但是，人的精力总是有限的，很多企业的负责人非常忙碌。如果阿里巴巴能够让交易这件事情变得更加省心、省力，那么愿意在增值服务上花钱的人会越来越多。免费的核心业务用来吸引用户，而庞大的用户基数使得只要有一部分人愿意购买阿里巴巴的增值服务，阿里巴巴就能赚得盆满钵满。

想要在免费的大潮中脱颖而出，必须有自己独特的想法。有些企业将自己的产品完全免费，同时在产品中放置大量的广告。而有些产品则选择开放基础业务，对进阶业务进行收费。不管是哪一种，都要有自己忠实的用户群。如今，按月付费、租赁产品的方式越来越盛行。加密技术的进步和社会信用的保障，让越来越多的企业使用出租的方式来达成接近免费的效果。共享经济就是如此，但也有专家表示，共享经济并不能在未来的商业模式中大放异彩，而且与传统经营模式相比，共享经济在现阶段也没有表现出更大的优势。共享经济究竟能不能在未来成为主流，让我们拭目以待吧。

第九章 顶点思维

跑得慢听到骂声，跑得快听到风声

竞争是商业活动中永远少不了的主题，想要当第一的人有很多，不想当的也不少。很多人抱着不当出头鸟的想法，抱着当第二比当第一更好的想法在经营自己的企业。当第二真的比当第一好吗？所谓枪打出头鸟，其实只是因为出头鸟不够强大而已。只要你足够强大，只要你能够登上顶点，那么你的地位就是不可动摇的，任何实力之外的东西都不能对你造成伤害。

/ 身高可以不高，定位却不能太低 /

有人曾问过马云，为什么要给自己的公司取名为“阿里巴巴”。马云是这样回答的：

“在创办阿里巴巴的时候，我们就希望它将能成为全世界的十大网站之一，同时也希望来自世界各地的商人都能够用我们。既然如此，那么很显然，我们就需要一个能够让全世界的人都印象深刻的且非常优秀的名字。我们要做的不仅是一个中国的网站，而是一个全世界的网站。在想了很多天之后，我们都觉得‘阿里巴巴’是一个非常好的名字。首先，这个名字人家容易记住，全世界的发音都是一样的。然后，我认为故事里的阿里巴巴是一个非常善良且正直的青年，他希望能够把财富分享给别人，而不只是自己。所以我们后来说这英文叫作‘open sesame’，就是要给中小型企业创造一个互联网上的‘芝麻开门’的神话。”

这就是马云在创业之初对阿里巴巴的定位，寄托着他的梦想和志愿，同时也是他对未来的一个定位——他想要做能够给中小型企业带来财富的“使者”，而最终，他成功了。

有句话是这样说的："你想成为什么，你便可以成为什么。"当然，这句话并不适用于所有人，因为如果你的"想"太过脱离现实，那么一切还是有待商榷的。但至少可以肯定的是，如果你连想都不敢想，那一定是没有机会实现的。

人的命运其实很奇妙，一个决定、一个选择都可能带来天翻地覆的影响和变化，而你对自己的定位则影响着你的决定和选择。就像一个卖包子的人，如果他对自己未来的定位依然是卖包子，那么他所做的所有决定和选择都会围绕着"卖包子"这个主题。也就是说，除非突然遭遇什么不可控的变故，否则明天、后天乃至十年后，他可能依旧在卖包子。因为他已经定位了自己的未来，规划好了自己的人生轨迹，除非有人强硬地把他推开，否则他便会沿着这条轨道不断前进。

但如果这个卖包子的人对自己未来的定位是开一家大酒楼，那么他日后的所有决定就会围绕着"开酒楼"这个目标进行，不管这个愿望最终能否实现，但至少他会朝着这个目标努力，他的光阴不会虚度。最终，他即便开不了一间大酒楼，那么至少可能会拥有一家小饭店。

拿破仑说过："不想当将军的士兵不是好士兵。"因为对于一名士兵来说，如果他有当将军的渴望，那么他给自己未来的定位就是"将军"，为了让这个定位成为现实，他会以成为"将军"的准则来要求自己、提升自己，让自己变得更加优秀。而如果他没有这种渴望，那么他给自己未来的定位可能依旧是一名普通的士兵，这样一来，他就不会再付出多少努力，也不会强迫自己不断提升、不断进步了，因为他已经是一名士兵，只要保持现状就可以了。

可见，一个人的未来是什么样子，关键在于他对自己未来的定位是什么样子。如果定位得太低，那么这个人就很容易获得满足，然后停滞不前。

而马云对自己未来的定位永远是很高的，因为定位高，所以他从来不会满足于现状，从来不因取得一点成绩而沾沾自喜或停滞不前。大多数的平庸者之所以只能在困境中苟延残喘，最大的问题还是在于他们对自己的定位太低，如果他们甘于平庸，又怎么会有所突破呢?

有一个富二代就读于南方某个大学，他是很善良的人，一直都热心于公益事业。大学期间，他了解到很多落后的地区生活困窘，于是萌生了支援西部的想法，并加入了一个公益组织。

在农村调研中，他发现当地从事农业生产的老乡收入很低，生活也很困苦，他觉得这种状况其实是可以改变的，只要引进现代化农业生产方式，这里的人就有脱贫致富的机会。有了这样的念头之后，他迅速给领导打了报告，但得到的却是领导的摇头苦笑。

领导告诉他，其实早在七年前自己就已经发现这个问题，并提出类似的建议。那时候，领导和这个富二代一样，满腔热血地投入扶贫工作，以改善农民生活为己任。他们给老乡购买了高产的种子和优质的家畜幼崽，并积极地教导他们如何科学种植和养殖。

令人啼笑皆非的是，他们前脚送完东西离开，老乡们后脚就把种子和幼崽背到集市上卖了，换钱买肉打酒。

很多时候，贫穷未必源于环境或教育，也未必受限于科学技术，而是源于人内心的自我定位。就像故事中这些贫穷的人，他们的目光是短浅的，只看得到今天和明天，却无法看到更远的未来。他们对自己的定位很低，只满足于混一天是一天。所以，即便成功的机会就在眼前，他们也会视而不见，根本不懂得如何抓住。

人的思想永远是先于脚步的，想要走出一个辉煌的未来，你就得先给自己构建出一个成功的目标，给自己一个高的定位。

有目标的在奔跑，没目标的在流浪

目标是人生道路上的灯塔，只要它矗立在那里，我们就有了前进的方向，无论路程有多么遥远，阻隔了千山万水，只要看得见那抹光亮，我们就永远不会迷失方向。

马云就是一个极其重视目标的人，他曾说过："有目标的人在奔跑，没目标的人在流浪；有目标的人在感恩，没目标的人在抱怨；有目标的人睡不着，没目标的人睡不醒；给人生一个梦，给梦一条路，给路一个方向！"

中国有个成语叫作"有的放矢"。意思是说，有了箭靶，我们射箭才有方向和目标；如果没有箭靶，那么我们就相当于失去了方向和目标，射箭也就没有什么意义了。人生也是这样，有目标的人生和没有目标的人生截然不同。一个人，有了目标，就相当于有了努力的方向，有了想要抵达的终点，这样才会有前进的动力。

很多人可能不太清楚，但凡那些能够在国际上取得成功的大公司，都拥有独立的愿景。我们这里所说的愿景，指的是企业创始人对企业前景和发展方向的一个概括，也就是一个长远的目标。这个愿景一旦形成，就会成为企业发展道路上的灯塔，指出整个企业努力的方向。也正是因为有了这样一个愿景，员工们才能将劲往一处使，并产生源源不断的动力，推动着企业的进步与成长。

可以说，一个没有愿景的公司，是不可能取得成功的。我们都知道，企业是以盈利为目的的，但盈利只是一个广泛的目标，是每个企业为了生存而必须追求的东西，其实除了盈利，我们还需要一个能够激励士气的长远目标。只有将这个目标定得长远，才能起到灯塔的作用，指引着公司一路前行。这就是愿景之于公司的重大意义。公司如此，人也是一样，只有给自己的人生树立一个长远的目标，人生才会有努力和奔跑的方向。

哈佛大学某研究室曾做过这样一个调查：

多米尼加大学的盖尔·马修斯博士曾做过一个实验，他找来一些很优秀的年轻人，他们在智力、学历以及生活环境等条件上都非常相似。马修斯博士在询问了他们的人生目标后，将他们分成两组。其中一组人将自己的目标写在一张纸上，另外一组人则没有。

过了很长一段时间，马修斯博士再次找到两组年轻人，他发现将目标写在纸上的人多数实现了自己的目标，而没有将目标落实在纸上的人多数没有实现自己的目标。

对于想要实现目标的人来说，哪种行为更加坚定呢？毫无疑问是将自己的目标落实到纸上。当然，我们还有很多坚定目标的方式，它们会时时刻刻提醒我们记得这个目标。

这个调查是非常有意义的，这些年轻人原本都在同样的起跑线上，但却因对人生目标设立的不同而走上截然不同的人生道路。在这些人中，毋庸置疑，最成功的绝对是那些拥有清晰并长远目标的人，他们点燃了自己人生中的灯塔，所以可以一往无前，朝着既定目标不断奔跑，永远不会迷失方向。

可见，要想成功，首先你得给自己一个清晰而长远的目标、一个指引方向的灯塔。唯有如此，你才能把自己所有的时间与精力都放在一个方向，不因外界的诱惑而停滞脚步，改变方向。

需要注意的是，在设立人生目标的时候，一定不能贪心。马云就曾经提醒过许多创业者，为企业制定的战略目标，绝对不能超过三个。因为一旦超过三个目标，企业就会迷失方向，不知该朝哪一个方向努力。马云说："一旦目标超过了三个，就很难记住了，领导难以记住，员工也难以记住，所以每年定目标的时候，要把最重要的一、二和三确定下来，至于之后的，就全部关闭掉。"

就连偌大的企业都只能专注不超过三个目标，更何况是个人呢？人这一生，只需要为自己树立一个灯塔就足够了，拥有那一抹独一无二的光辉，我们才能知道应该坚定不移地向着什么地方前行。给路一个方向，给生命一个终点，给人生一些执着，如此，我们才能结束没有方向的流浪，向着成功不断奔忙。

/ 顶点只有一个，专注才能成功 /

有的人失败是因为缺乏目标，而有的人失败则是因为目标太多。有人曾问马云，如何才能为自己寻找更多的机会。当时，马云是这样回答的："当你看到前面有 10 只兔子的时候，你到底去抓哪一只呢？有的人一会儿抓这只，一会儿又转过头去抓另一只，到最后，可能一只也没抓住。所以，作为 CEO，我的主要任务不是去寻找机会，而是对机会说 NO。"

1995 年，马云首次进入电子商务领域，在此之后的 16 年里，他都只在做一件事，就是不断地完善阿里巴巴。也正是这份专注，让他得到最大的回报，将阿里巴巴打造成全世界最大的电子商务网站之一。

阿里巴巴在发展过程中，曾遇到过不少挫折和困难。比如 2001 年，由于整个互联网行业不景气，阿里巴巴一度命悬一线。那时，阿里巴巴遇到巨大的困难，资金链断裂、营业模式不清晰使得它招致一片骂声，无论是投资人还是用户，几乎对它充满了抱怨和不满。

在这样的情势下，马云本来完全可以利用自己积累的经验和资本转投其他行业，毕竟那时候谁也不知道互联网的未来，但马云却没有这么做，他依然坚守自己的电子商务事业，不曾放弃，也不曾动摇。

直到2002年底，这场互联网的“严冬”才算冰雪消融，而在生死边缘的阿里巴巴也迎来了春暖花开，发展成一家拥有超过400万用户的超级网络交易平台。

互联网的复苏给马云带来了新的诱惑，那时候，资讯业务和游戏是互联网上最热门的两大业务，搜狐和网易正是通过发展资讯业务获得巨大收益的，而盛大与巨人也通过游戏业务实现了日进斗金。当时，其实只要马云想，他也有足够的资本来发展这两项热门业务，但他依旧没有动摇，始终把所有的精力专注在发展阿里巴巴上。

如今，在互联网上，资讯业务几乎已经成为历史，而游戏领域也陷入一片混战。而在电子商务领域，阿里巴巴依然是一家独大、无人可敌。可以说，阿里巴巴之所以能保持住这种一家独大的局面，与马云的坚持和专注有很大关系。如果不是马云一直坚持把资金与人力全部投入到阿里巴巴的建设中，恐怕今天这块利润丰厚的“肥肉”早已被别人分了一杯羹。

这并不是危言耸听。很多人可能不知道，在互联网界，马云并非中国电子商务的开创者，阿里巴巴也不是中国首家电子商务公司。中国电子商务的真正开创人叫王峻涛，而中国第一家真正意义上的电子商务公司则是王峻涛一手创办的8848。

可如今，提起“8848”，又有多少人听过呢？提起王峻涛，又有多少人能有些许印象呢？王峻涛和8848的败落纵然有许多原因，但最关键的一点还是在于不够专注。在8848初具规模的时候，王峻涛就开始贪心地向信息流、物流、资金流等多个方面全线出击。结果，正是过多的“战线”一点点耗光了王峻涛的资金，同时一点点地拖垮了原本具有无穷潜力的8848。“10只兔子”王峻涛都想要，而结果就是，他最终一只也没能抓住。

很多人其实有过这样的困扰：想要的东西太多，想做的事情太多，结果这边一点，那边一点，把时间和精力都浪费了，可事情却一件也没能做成。

今天，提起零售百货，很多人会想到沃尔玛，却鲜少有人听说过凯玛特。事实上，凯玛特也曾是美国零售业的巨头之一，知名度并不比沃尔玛低，而且曾长期占据着美国零售市场排行榜的首位。

凯玛特的创建比沃尔玛要早一些，在20世纪70年代，凯玛特还曾一度将沃尔玛远远地甩在了后面。可是，就在1988—1993年零售业发展的黄金阶段，已经积累了雄厚资本的凯玛特却突然开始大搞特搞多元化，试图在多个领域寻求发展。而最终的结果就是，凯玛特不仅没能在其他领域做出成绩，反而因资金分散而严重亏损，迅速败落，最终于2002年无奈提交了破产保护。

如果当初凯玛特能够一直专注于零售业，而不误入多元化的歧途，那么今天，它的成就未必会比沃尔玛低，甚至还可能超越沃尔玛。可惜这个世界上从来就没有如果。

无论是企业还是个人，都有自己擅长和不擅长的领域，如果为了获得眼前短暂的利益而置长远的目标于不顾，那么不但容易因草率而遭遇麻烦，甚至可能影响到原本的发展，最终得不偿失。

在通往山顶的途中，我们可能会遇到许多风景，但要知道，顶点永远只有一个，其他的再美也不过是点缀。美国管理学者迈克尔·波特就曾说过："只有在较长的时间里一直坚持同一种战略而不轻易发生游离的企业，才能赢得最后的胜利。"

管理企业如此，管理人生同样如此。在人生的道路上，理想与机会同样重要，但面临取舍之际，我们应当坚定的是理想、目标，因为它们才是人生唯一的灯塔。机会固然重要，但与理想和目标相违背的机会，最终只会变成拖累。所以，请记住，只需要盯住一只"兔子"就够了，顶点永远只有一个，唯有专注才能成功。

山顶的人又怎会听到山下的骂声

马云为什么能成功？有人说是因为他运气好，抓住了千载难逢的机遇；有人说是因为他熬得住，在苦苦等待中坚持不懈；还有人说是因为他心态好、够乐观，无论遭遇什么都能一往无前。不管是因为什么原因，不可否认的是，在通往成功这条荆棘丛生的路上，马云确实走得稳健而坚持，不曾动摇，也不曾偏离。

在互联网尚未普及之际，窥见了电子商务领域巨大商机的人其实并不是马云一个，那时候的阿里巴巴也并非中国唯一的电子交易平台。但随着时间的流逝，许多人却在互联网跌宕起伏的发展中离开了，只有马云一直坚持到最后，获得成功。

坚持仿佛是马云的一种本能，这种本能早在阿里巴巴创建之前就展现在我们面前。

1992 年，还在大学里任教的马云和朋友在杭州注册成立了一家翻译机构——海博翻译社，这是马云人生中的第一次自主创业。那时候，海博社的成员除了马云和他的合作伙伴之外，还有一些退休的英语教师，从业务能力方面来说，它绝对是过硬的。但那时候的中国社会不像现在这样开放，市场经济还不够发达，做生意并不容易，所以一开始的时候，海博社的生意是非常冷淡的。当时，海博社第一个月的房租是 2400 元，而他们当月的收入却只有 700 元。

马云在成立海博翻译社的时候，一直处于入不敷出的状态。和他一起创业的伙伴们纷纷起了关门大吉的心思，只有马云不肯放弃，还要坚持下去。为了支持海博翻译社的支出，马云甚至跑去义乌批发小商品，回到杭州摆摊贩卖。这种情况持续了几年，可以说在最艰苦的几年，如果不是马云花样百出地为海博社找资金，那么海博社也无法成为如今杭州最大、最专业的翻译机构。

十余年之后，海博社的现任社长张女士在回忆起当年那段风雨飘摇的时光时，大力赞扬了马云的坚持精神。她感叹道："在大家都还不曾想到这个行业的时候，在大家都还没有发现这一商机的时候，马云却首先想到了，他的想法都极具前瞻性。海博社成立之前，杭州还没有一家独立的翻译社，海博社是当时唯一一家独立翻译公司。许多人并不看好海博社的发展，加上刚开始的那段时间里确实不赚钱，所以很多人动摇了。但马云坚持了下来，没有放弃。所以，我一直都非常敬佩马云，他说的话总是能振奋人心，在他眼中，即便是没有希望的东西也依旧是充满生机的，他仿佛与生俱来某种能力，能给身边的人带来生活的激情。”

马云的心态为什么这么好？马云为什么可以一往无前，抵御所有的诱惑与动摇？马云为什么可以在陷入没有希望的泥淖时，也坚定不移？其实答案很简单——一个身处山顶的人，又怎么会听得到山脚下的讽刺与谩骂呢？马云就是那个一直站在山顶上的人，这无关他的身份、地位，而在于他的思维和自我定位。他一直将自己放在山顶上，站在那样高的位置俯瞰人生，他的顶点永远只有一个，他很清楚自己应该向着什么地方前进，也很清楚自己究竟想要什么。因为站得高，所以比别人看得远；也因为站得高，所以从不会被那些闲言碎语击垮。

有人说过这样一句话：“跑得慢的人听到骂声，而跑得快的人却只能听到风声。”如果你耳边总是充斥着各种嘲讽、谩骂或丧气话，那么只能说明一点，你跑得实在太慢了，不够专注，不够努力，所以才会有多余的精力与心思去在意那些原本对你的人生没有任何意义的东西。

一位白手起家的富豪在讲述自己的创业经历时说道：

“那时候，我既没有文化，也没有什么专长，但就是想去深圳闯一闯。因为没有边防证，所以那时候我其实是藏在‘的士’的后备箱里混进深圳的。在深圳的时候，我因为找不到工作而三次逃港，但都被抓回来了。扣留在拘留所的那些日子，我身无分文，就连一粒花生米都要反复在嘴里嚼，舍不得往肚子里头咽。

“后来我帮人卖菜，赚了点钱，又去卖水果。那时候摆地摊嘛，天天都和城管打游击。倒霉的时候，钱在手里还没捂热呢，又被城管给罚了。有一回，我才进了一批水果，就遇上下雨天，水果淋湿又卖不出去，全烂在了手里。

“之后，我听人说卖香赚钱，就去卖香。攒了点钱之后，我就想开个门面。当时我相中了一个超市门口的地方，为了让超市老板同意让我在那里卖水果，我缠了他好几天，天天跟着他说好话，买水果去拜访，终于把他给打动了，我也总算是有了一个固定的销售摊位。

“我在那里卖了一年多的水果，然后遇上一个卖中药的老头，又和他一块合伙卖中药。再后来，生意越来越大，在美食街开了餐厅，然后又投资了房地产、实业公司……

“我的创业过程真的没什么特别精彩的内容，也没有什么太跌宕起伏的东西，就是一直在往前走，不停地往前走。在途中，有人讽刺过我，有人骂过我，还有人劝过我，让我回头，脚踏实地好好过日子。不过这些话都没给我留下过多深的印象，因为我就没在乎过，也没听进去过。我的目标在那里，我要走到那里去，哪里还有心思去管那么多、听那么多呢！”

有时候，一个人之所以能在众人都不看好的情况下，一直坚持走到成功，并不是因为他有多么强健的心脏，或者能够未卜先知，仅仅是因为他已经为自己的人生找到了目标，已经将自己的思维与眼光放到山顶之上。就像那位白手起家的富豪说的，目标已经在那里，人生已经知道该走向何处，又怎么会有时间和精力去在乎别人的眼光呢？

第十章 败局思维

永远思考别人是怎么失败的

失败，是无可逃避，又让人不喜欢的。既然失败不可避免，我们就去尽力减少失败带来的损失，甚至通过失败壮大自己，将失败利用起来。一旦失败能够被利用，那么失败就是有价值的，我们不仅要思考自己的失败，更要思考别人的失败，最终用别人的失败来防止自己的失败。

经验是失败带来的宝藏

马云曾说，如果有时间，他会写一本书，书名叫《阿里巴巴的一千零一个错误》，这本书会记录他人生中最宝贵的一些经验。马云说，人生中最宝贵的财富，不是获得多少成就，而是有过多少痛苦与错误。

每个人都想成功，所以总是用贪婪的双眼盯着那些获得成功的人，研究他们走过的路程，希望有一天能和他们一样，踩着那条通往山巅的道路，踏上人生的顶峰。然而，中国最成功的企业家之一马云却告诉我们，想要成功，就得学会从别人的失败而不是成功中学习，因为成功的背后有很多因素，没有谁的成功是可以完全被复制的。而失败却能告诉我们，怎样规避错误，如何战胜挫折。

马云和阿里巴巴的成功是毋庸置疑的，但从马云身上，我们看到最多的却是失败。他的人生简直就是一本“屡败屡战”的教科书。

高考考了三次；被 30 多个公司拒绝录用；24 个人一起应聘肯德基的工作，只有马云被刷下来；和表兄弟一起去一家四星级酒店应聘，苦苦等待几个小时，最后表兄弟被录用了，马云再次被拒……

马云的失败经历真是太多了，年轻时候的他真的不是一个特别优秀、特别突出的人。他个子不高，长得也不好看，直至今天，依然有不少人调侃他的外貌，就连马云自己也不例外。他也确实吃过不少外貌不佳亏，多次被拒在很大程度上也是因外貌不过关。

或许正是因为失败的经验太多，所以马云是个特别能应对失败的人，即便屡战屡败，也能屡败屡战。

马云的创业之路同样走得非常艰辛。他曾在大学里做过6年老师，这是一份非常稳定的职业，而马云也做得非常不错，在第5年的时候，他还被学生评选为“最优秀的教师”。对于一个总是失败的人来说，终于做了一件不错的事，那么这个人大概会一直做下去吧。但马云却不是这样一个“寻常人”，或许对他来说，失败从来不是磨难，而是成功前的累积和起飞前的准备。这点小小的成绩和肯定给了马云强大的信念，他突然萌生出一个想法：今天他教给学生的一切，都只是书本里的内容，如果他花10年的时间走出校门，让自己有更丰富的经历，那么不论最终是成功还是失败都没关系，继续回来当老师，那时候他能教给学生的东西就更多了。

是的，这就是马云创立阿里巴巴的初衷，他从不曾想过自己有一天会暴富，甚至不曾对成功有过多的憧憬。他走上这条路，只是抱着“闯一闯”“经历一些事情”的想法，而不是为了复制谁的成功，延续谁的辉煌。

今天的阿里巴巴非常辉煌，它的崛起就如同现代童话一般，但谁又知道，这背后有着怎样的磨难和苦痛。外界流传的各种关于阿里巴巴获得投资的消息中，都提到过马云仅仅用了6分钟就潇洒地搞定孙正义，从他手上拿到2000万美元，以及后来从雅虎获得10亿美元。可创业从来不是童话，更不是神话，在迎来那阵扶摇直上的“东风”之前，阿里巴巴就像互联网行业艰难生存的一只丑小鸭，在最窘迫的时候，账户里居然只有200元。

在最艰难的时候，曾有一位上海的投资商向马云抛出了橄榄枝，但却提出一个极为苛刻的条件，且这个条件对阿里巴巴未来的发展影响很大。马云犹豫了，也彷徨了，但即便如此，他在得知阿里巴巴账上已经没有钱之后，依然咬牙放弃了这笔投资。

马云的很多决定看上去令人匪夷所思，而事实最终都证明了他是对的。这似乎很神奇，但如果你了解马云，你会发现一切其实都顺理成章。他是一个有着丰富失败经历的人，更是一个擅长从失败中汲取经验的人。

因为经历过无数次失败，所以马云从来不怕失败，更不会因失败而妥协。也因为有过无数次失败，所以马云每走一步都能比别人看得更远，也看得更通透。一个人犯多了错，自然就会明白应该如何避免重蹈覆辙。

失败乃成功之母，这不仅仅是一句激励人的空话。其实不仅是马云，马化腾、史玉柱、任正非等企业大佬，他们的创业之路都充满了心酸。史玉柱曾负债2.5亿，却能触底反弹、起死回生，给自己赚回500亿的身家。

可见，失败的经历不算什么，一次失败不等于永远失败，哪怕十次、百次失败，只要不放弃，就永远都有翻盘的机会。重要的是，你是否能够在失败中得到教训，总结经验。

提到阿里巴巴的成功，马云是这样说的："我研究过许多失败的企业，因为我从不喜欢看成功的经验，我喜欢看失败的经验。许多人都说，阿里巴巴之所以能活下来，是因为马云领导有方，这其实是不对的，我并没有那么聪明。但前面的总结我们是一定要做的。"

经验是失败带来的宝藏，能够带领我们走向成功。一个人成功的因素有很多，也许是自身卓越的能力，也许是无与伦比的好运，也许是不可撼动的背景……能够复制的成功实在是太少了，即便你拥有同样的背景，也未必能拥有同样的能力；即便你拥有同样的能力，也未必能碰上同样的运气。但失败则不然，大多数失败者所犯的错误是我们可以避免的，看的错误多了，才能避免犯错，经历的失败多了，才能学会成功。

/ 迷信“成功”不如思考“失败” /

成功是根植于人性中的渴望，正是因为有了这种渴望，无数的人才会前仆后继地研究那些成功者走过的路和做过的事，希望能够找到成功道路上的“通关秘籍”。

但马云却说：“少听那些成功专家讲的话，所有的创业者都应该多花点时间去学习别人究竟是怎么失败的，因为成功的原因有千千万万，而失败的原因就那么几点。所以，关于成功，我的建议就是少听那些成功学讲座，真正的成功学应该是用心去感受的，要知道，等有一天你成为成功者之后，不管你讲什么，别人都会认为你是对的。”

现实生活中研究成功学的人非常多。所谓“成功学”，顾名思义就是研究一个人或一个组织是如何走向成功的学问。广义地看，成功学包含统筹学、教育学、心理学、营销学、管理学以及公共关系学等多门社会学科，它是一门综合性很强的学问，一切成功者需要具备的素质都可以归入成功学的范畴。而狭义地看，成功学其实就教导人们如何去挖掘自己的潜力，从而赚更多的钱，获得更大的成就的学问。

因为有着对于成功的渴望，所以很多人沉迷于研究成功学，他们迫不及待地想知道那些成功人士究竟是如何走向成功的，更迫不及待地希望自己也能踏上那条成功之路。但事实上，成功永远是无法复制的，就好像上山的路一样，顶点就在那里，你可以从任何一条路爬上去，只不过有的路好走，有的路艰难。而别人走过的路，当时或许是好走的，但随着时代的变迁、时光的流逝和各种不可控因素的影响，我们现在已无法确定那条路是否依然好走，又是否能通向山顶。

研究成功学的人总认为，那些成功的人之所以能成功，是因为他们手中掌握了某种“诀窍”，所以才能获得比别人更多的东西，站到比别人更高的地方。就像比尔·盖茨，他在电脑方面固然有着无与伦比的才能，但电脑技术比他高明的人也不少，可偏偏只有他能够依靠电脑起家，成为世界首富。如果不是掌握了某些“诀窍”，他又凭什么比别人都成功，比别人都厉害呢？所以，研究比尔·盖茨的人非常多，人们恨不得连他喜欢吃什么、用什么都弄得一清二楚。但事实上，即便你学习了比尔·盖茨的方法，还原了他所走的每一步路，你也不可能复制他的成功。因为那个时代已经过去了，那些事情已经被他做了，你即便把他的一切都模仿得惟妙惟肖，也终究不可能得到与他同等的成就。

不要迷信“成功”，因为成功不是一个具体的事例，也不是一本可以列出条条框框的“秘笈”。成功是个非常庞大、非常复杂的东西，里面糅合了太多的因素，如能力、机遇、头脑、交际、运气……你学不来，甚至可能根本就不知道该怎么去学。与其迷信“成功”，倒不如学会去思考“失败”，失败能教给我们的东西其实远远多于成功。

一个人或一家企业取得成功的原因是非常多的，但走向失败的原因不外乎那么几点。从失败中，我们所能获得的最宝贵的东西就是教训，教训或许不能让我们成功，却能帮助我们降低失败的概率。若能完美地避开失败，又何愁有一天不能走向成功呢？

美国著名的企业家保罗·道弥尔是个非常“奇怪”的人，他喜欢收购那些面临倒闭的企业，然后再去整顿这些企业，让它们起死回生。

道弥尔是1948年离开匈牙利来到美国的，那时候他年仅21岁，一无所有，全身上下最值钱的东西大概就是青春和健康了。

如果只是想找一份勉强度日的工作，那在美国并不是什么难事，但很显然，道弥尔的追求不止于此。他用一年半的时间换了整整15份工作。当然，他这样做并非是因为好高骛远，而是因为他希望通过从事不同的行业更多、更快地了解美国，同时找到自己可以为之而奋斗的方向。

道弥尔对自己的事业和人生都有着非常清晰的规划，他想成为一名企业家，而且他很清楚，要想做一名真正的企业家，他不仅得学会管理工厂，还必须去熟悉市场、了解客户。可以说，道弥尔所找的每一份工作，实际上都是为实现这个目标而服务的。

在做好一切准备之后，道弥尔干的第一件事，就是用高价买下了当地一家濒临破产的工艺品制造厂，这是道弥尔拥有的第一家“企业”，也是他实现人生目标的第一步。他占据了这家制造厂 70% 的股份，牢牢地把这家制造厂控制在手中，并按照自己的想法开始了大胆的整顿和改革。

当时，很多人不理解道弥尔的做法，在他们看来，不管是想投资还是入股，都应该选择那些成功的、有前景的公司。或者自己直接创业也可以。为什么要把钱投入一家奄奄一息的工厂？但道弥尔偏偏这么做了，而且还做得风生水起。

有人曾经问过道弥尔，究竟是什么原因促使他青睐于那些濒临倒闭的企业？当时道弥尔是这样回答的：“别人经营失败了，你接手过来，就能找到它失败的原因，等你能把那些造成失败的原因都找出来并纠正之后，自然会迎来转机，企业也会重新赚钱，这难道不比自己从头开始干要省力得多？”

成功固然可喜，但宝藏却一直藏在失败里。

/ 越早犯错你就越幸运 /

马云说："做企业如果是靠拍脑袋来选对方向，那么事业是获得发展了，可人却没有得到成长，因为总有一天你是会出错的，而且越晚出错，你所需要承受的损失也就越大。"

人们总是害怕犯错，甚至有不少人为了避免犯错和失败，对所有事情都采取一种"多做多错"的态度，不敢有丝毫出格的举动。这样下去，久而久之，人的胆气和冒险精神也就渐渐被消磨没了。当一个人为了避免失败而不敢再付诸行动之际，他也就失去了成功的可能。

英国著名文学家萧伯纳曾说过："一个不断尝试错误的人生，不但比无所事事的人生更加荣耀，同时也更有意义。"人的成长本就是在不断的尝试和失败中汲取经验，没有失败，就不会成功。

所以，人这一辈子，最不该怕的就是犯错，每一次的错误和失败都会成为生命中一笔宝贵的财富。

和田一夫是日本有名的企业家，他出生在日本静冈县热海市一个以经营蔬菜为生的家庭。和田一夫无疑是个经营的天才，凭着一己之力，他就把自家的蔬菜店发展成一个在全世界拥有400家百货店和超市的大集团。鼎盛时期，该集团的年销售总额甚至突破5000亿日元的大关。可以说，在20世纪80年代初期，和田一夫缔造的八佰伴集团绝对是一个当之无愧的神话。

但不幸的是，1997年，由于过度扩张和市场定位失误，八佰伴集团走向了破产，一夜之间，这个曾缔造业界神话的企业家就变得一无所有，搬进了一间狭小的出租屋。那个时候，和田一夫已经68岁。

猝然经历这样的事情，要说完全不受影响那肯定是不可能的，在经历最初的痛苦、伤心和绝望之后，和田一夫很快就重新收拾心情振作起来，并开始在书籍中寻找慰藉。当时，和田一夫最喜欢的一本书就是《邓小平传》。从书中了解了邓小平的事迹之后，他大受鼓舞，说："邓小平从最后一次失败中站起来的时候是74岁。然后，他提出改革开放，在中国留下了丰功伟业。而我现在才68岁，虽然八佰伴倒闭了，但我相信，我一定有机会东山再起。"

1998年，年届七旬的和田一夫再次创业，开办了一家顾问公司，决定将自己多年来的经营心得以及从失败中获得的经验教训教授给其他创业者。日本NHK电视台采访了和田一夫，并将他的故事广为传颂，日本传媒也将他称为"不屈之人"。在采访中，和田一夫这样说道："凤凰必定浴火重生，在燃烧自己之后，又将开创新的天地，失败并不可怕，大不了一切从头开始。”

犯错和失败本身并不可怕，真正可怕的是经历犯错与失败之后，我们再也无法站起来，重新奋斗，重新出发。人这一辈子，越早犯错，越早体验失败，其实越是件幸运的事，因为错犯得越早，你就拥有越多的时间去修正、完善自己。失败经历得越早，你就拥有越多的机会东山再起，重新出发。

所以，当你还年轻时，当你还拥有时间与机会时，就应鼓起勇气去拼搏，去做那些你想做却又担忧的事。这并不是在怂恿年轻人鲁莽行事，而是为了让创业者明白，在成功的道路上，错误与失败都是不可避免的，既然不可避免，那为什么不在创业初期就多尝试，以便早日摸索出真正适合自己的道路呢？毕竟在创业初期，企业规模还不算大，人力资金的投入也不算多，即便撞得头破血流，造成的损失也能承受。

犯错其实就像摔跤，对于小孩来说，摔一跤可能只有短暂的疼痛，而对于老人而言，摔一跤却是件伤筋动骨的大事。所以我们才说，越早犯错，越早经历过失败的人，其实越幸运，因为他们比别人拥有更多的时间和机会汲取经验教训，从而走向成功。

马云就是个经历过很多次失败、犯过很多错误的人，因为他身上始终有着一股闯劲儿，从来不会向安逸稳定的生活而低头。一次次被打倒之后，他依旧能够一次次站起来，将每一次错误与失败都变成经验的累积，最终垒起独属于自己的成功。

一个人想要获得成长，首先就要懂得给自己犯错和失败的机会，你越早经历那些错误与失败，就能越早避免在日后的人生中走弯路。

/ 珍惜人生的每一场败局 /

2014 年 7 月 24 日，马云与一批来自全国各地的浙商大腕在阿里西溪园区进行了一场面对面的对话，当提到阿里巴巴的发展建设时，马云这样说道：

“阿里创办至今已经整整 15 年了，淘宝是 11 年，而支付宝则是 10 年。坦白说，我们运气确实好，这 15 年都走得比较快。但回顾往昔，我们在这其间所犯的错误并不亚于任何一家创办了二三十年的企业，甚至可能比他们犯过的错误还要更多。但是，对于犯错，我们做的自我检讨要比抱怨和指责多得多，所以我们更正错误的速度也非常快。这 15 年里，我老了很多，以前没想过，做企业会是这样一件辛苦的事。当然，我同时也觉得自己特别幸运，因为能够拥有这样的机会。在这 15 年里，运气固然是有的，但在我看来，更值得珍惜的却是我们每一次犯过的错。”

在马云看来，失败永远比成功可贵，错误永远比正确值钱。有句话是这么说的：“世上没有永远正确的决策者，只有不断更正错误的改进者。”马云正是这样一个改进者，他曾经历过很多次失败，也曾犯过很多次错误，但他十分擅长从这些失败与错误中总结经验，汲取教训，以避免自己再在同样的地方摔倒。正是因为马云懂得珍惜人生中遭遇的每一场败局，所以才能在每一场败局中都有所收获，直至将自己送上成功的巅峰。

中国黄页是马云自主创业的开始，马云曾对它寄予了很大期望，但很可惜，在残酷的竞争中，为了生存，马云不得不一次次让步，最终与杭州电信合资。而这恰恰是马云当时犯下的最大错误。合资之后，马云才发现，自己只占有公司的两个决策权，而对方却有五个，这意味着这家公司从此再也不在他的掌控之下了。所以马云失败了，这场败局让他明白了一个道理："对方竞争不过你才与你合资，而合资的最终目的，其实就是为了把你买过来之后再干掉！"在未来的发展历程中，马云一直很注重合作伙伴的选择，而这正是他从这场败局中学习到的最重要的东西。

阿里巴巴创建之后，曾一度进行过大幅扩张，结果在网络经济泡沫破裂之后，不得不走上裁员的道路。从这场败局中，马云得到的教训是：一个工作团队必须有自身的价值观、创新力以及远见卓识，还要懂得如何用脑子去思考，而不是用力气去蛮干。

就连支付宝的创建，同样是马云从失败中获得的灵感。那时候，大家都说中国没有信用体系，不管是银行还是物流都极其糟糕，做电子商务没有出路，于是马云决定改变这一切，支付宝就是这样横空出世的。

不管是错误还是失败，都没有打垮马云，反而让他变得越来越优秀，也越来越成功。阿里巴巴同样如此，在不断修正错误、战胜失败的过程中，它成为中国最成功的电商企业。就像马云说过的："有些错误是每个企业选择某个产业所必须付出的代价，这些错误迟早都是会犯的，犯错不要紧，关键在于是否能够总结教训，从错误中得到反思。为了明天跑得更快、更好，我们必须犯错，重要的是，不要去犯同样的错。阿里巴巴的强势崛起和日趋蓬勃的电子商务就是对我这句话最好的注释。"

任何一家企业，无论是在创立之初还是站稳脚跟、立足全球之后，都难免会犯错误。错误并不可怕，也并非洪水猛兽，关键的问题还在于我们敢不敢正视自己所犯的错误，并能从中汲取教训，进行弥补、反思以及借鉴。

企业是这样，人同样是这样。美国著名的心理学家桑代克就说过："学习的过程其实就是一种渐进式尝试错误的过程。在这个过程中，无关的错误反应会逐渐减少，从而使得正确的反应逐渐成型。"

第十一章
太极思维

事情并没有好与坏，关键是看你怎么看

太极是道家思想中重要的哲学内容。根据太极衍生出的文化实在是太多，太极拳和围棋都是太极思维的运用。那么，能否将太极思维运用到人生中呢？能否将太极思维运用到商业中呢？当然可以，马云就是太极忠实的粉丝，让我们来看看马云的人生究竟受到太极怎样的影响。

/ 身处谷底的人，每一步都是向上爬 /

在马云成功的路上，失败与挫折永远多过鲜花与掌声，但正是踏着这条由失败与挫折铺就的道路，马云最终登上了成功的巅峰，获得许多人无法企及的成就。在无数次失败中，哪怕马云有过一次放弃或妥协，他都无法拥有今天的辉煌。

人生不可能事事顺利，会遭遇很多挫折和失败，挫折和失败并不可怕，真正可怕的是人在挫折与失败中放弃自己，随波逐流。命运可以将人一次次击倒，却永远不可能将人打败，真正能够把人打败的，只有他自己。

比起大多数人，马云的心态可以说是极好的，高考落榜？没关系，接着考！应聘落选？也没关系，接着找！创业失败？还是没关系，接着赌！

我们知道，马云首次与互联网接触是创办中国黄页，那是 1995 年，互联网还没有在中国普及，大多数人对互联网还一无所知。马云像发现了新大陆一般，把这新东西搬了回来，不辞辛劳地向别人宣传。

这不是一件容易的事，一个新的事物想被人们广泛接受，这其中的艰辛可想而知。但马云并不在意，依旧努力地向人们宣传互联网，推广自己的中国黄页，那时候许多人不理解他，也不信任他。那段时间，马云甚至得了一个“黄页骗子”的称号。

当时，马云为了和杭州一家企业合作，足足跑了五趟去说服那位企业老板。为此，马云还做了大量的准备工作，收集了不少电子商务方面的资料。只可惜，当时马云的“骗子”之名太响了，那位老板也先入为主地怀疑这可能是一场电子商务骗局，所以不管马云怎么向他解释，或是描述在网上做广告比在媒体上有优越性，他都始终将信将疑。虽然这是块极其难啃的骨头，但马云却从没想过放弃，他向那位老板要了一份他们企业的宣传材料，然后在下一次造访时，直接带来一台笔记本电脑，向那位老板展示电脑上做出来的企业资料。看着马云诚意满满的“作品”，这位一直犹豫不决的老板才终于点头，和马云达成了合作。

中国黄页刚刚有了起色，杭州电信就制作了同类竞品。由于对手手中的资源更加丰富，马云不得不与杭州电信合作。到了 1997 年，双方由于在经营理念和其他问题不能达成共识，争斗不断，最终马云主动离职。

这是马云创业生涯的第一次失败，也是一段刻骨铭心的经历。可这场失败并未让马云从此离开互联网行业，面对这个充满无限可能的市场，马云没有丝毫退缩，立即振作精神，再次率领他的团队开始了新的征程。

一个人在经历无数次打击和挫败之后，如果依然能够不改初衷，那么这个人最后一定会成功。只可惜，很多人倒在了打击与挫败的途中，再也没有勇气站起来面对荆棘丛生的道路。

很多人佩服马云的勇气和他坚强阳光的心态，要不是有这份勇气和乐观的心态，恐怕马云也很难在这条由失败铺就的道路上勇往直前，直至创建今天的阿里巴巴。但其实，换个角度想想，既然你的人生都已经走到低谷了，那为什么还要退缩呢？若你真的身处低谷，那么无论你下一步怎么走、往哪里走，不都是在向上吗？所以，为什么要拒绝向上走的机会？

正是因为有这样的心态，所以无论遭遇多少次失败，马云都能勇敢地站起来继续前行。我们的生活并不是一帆风顺的，高考落榜也好，应聘被拒也罢，都不是什么不可挽回的事情。我们每一次掉落尘埃，被现实打倒在地，只要像马云那样，站起来继续向前走就能最终走向成功。如果真的已经足够糟糕，那么我们还惧怕什么吗？

成功的道路注定不会平坦，越是陡峭难爬的山峰，就越是可能藏着迷人的风景和珍贵的宝藏。就像马云说的，创业总是与失败相伴，与困难为伍，所以我们要正视失败，有耐心去接受失败，然后分析失败的原因，找出摆脱失败的途径，这样才能反败为胜。敢于直面失败，敢于在失败后回到原点，从头开始，这就叫作积极进取，而我们想要成功，就必须拥有这种积极进取的精神。

/ 心中无敌，自然天下无敌 /

众所周知，马云和 eBay 之间曾有过一段非常激烈的竞争。当然，这场竞争最终以马云的全面胜利而告终。2015 年达沃斯论坛期间，马云在接受美国新闻记者查理 · 罗斯的采访时，就提到这段“旧怨”。

当时，查理·罗斯问马云:“听说你正在学习太极，是吗?”

马云回答说:“是的，我爱太极。太极不仅是一套拳法，它还是一种哲学，是阴阳，教人们如何来保持身心的平衡。当人们问：在你们和 eBay 竞争的期间，你恨 eBay 吗？我回答他们:并不，我一直认为 eBay 是一个非常伟大的公司，他打这里，我打那里，他攻我上面，我就攻他下头，他来我走，我比你小，但是我还能跳起来，而你不能。在做商业的时候，我一直在运用太极哲学，不管发生什么事，冷静，就一定会有出路。保持平衡竞争是非常有趣的事情，商场并不是战场，不需要非得你死我活，事实上就算你死了，我也未必就一定活得下去，这其中很有乐趣。”

马云非常热衷于太极拳，不仅学拳法，还学太极的哲学与智慧，在公司管理中，马云的很多做法中都有太极的影子。比如就商业竞争这个问题来说，马云一直认为，良好的商业竞争应该是一种良性循环，可以有竞争，却不该有敌人。

很多人对竞争有些避之不及，仿佛只要参与竞争，就意味着要参与一场你死我活的争斗。有的人因为总是把成败看得过重，所以不能以平常心去面对竞争，也无法以宽容的心态去看待竞争者。殊不知，一个人眼中如果有许多仇敌，那么他就相当于断绝了许多条活路，也堵死了许多条出路，没有了活路与出路，财路又怎么可能畅通呢?

在一次接受新浪科技独家视频采访的时候，马云就曾表示，人想要成功，就得从心态上改变自己，把你的对手看作学习的榜样，而不是敌人。

马云说:“我一直不太喜欢关注竞争对手，几年前我曾说过一句话，很多人听了都觉得不太爽。我说，我即便戴着望远镜，也看不到竞争对手。其实，我当时想表达的意思是，那些与我竞争的人，我都把他们看作是榜样，而不是对手，更不是敌人。全世界有那么多的榜样等着我去看、去学习，我干什么要给自己找竞争对手呢?”

在采访中，马云提到许多值得自己学习的榜样，有沃尔玛、IBM、微软、谷歌等。马云还表示，即便上市后，阿里巴巴也不会有什么变化，依然会努力关注客户，关注学习榜样。一个企业如果总想着去揭别人的丑，去谩骂别人，和别人争斗，那注定不会有什么大出息。

当然，这世上也确实不乏一些“注定不会有大出息”的人，比如马云在《赢在中国》节目上做演讲的时候，就提到过这么一个人：

“那是六七年前的时候，有一家公司和我们竞争得非常激烈，当时我受邀出席亚洲互联网大会，并担任主题发言人之一，我的那位竞争者也位列5个主题发言人之一。在发言之前，对方突然发现，他是因为赞助了5万美元给这个会议，才得到一个主题发言人的资格，而我没有出一分钱。所以他很生气，就去跟组委会抗议，问我为什么不用付钱。组委会当时就说了，你是自己要讲，可马云是观众想要他讲。他有一艘非常漂亮的游艇，当时他就说了，要把游艇开到香港去，邀请所有出席这个大会的主题演讲者去他的游艇上面玩，但只有我不能上去。”

“我觉得，有些事情体现出来的是一个人的胸怀，如果一个人没有包容对手的胸怀，那么他就一定会被对手打败。”

马云提到的那位竞争对手如今已不知身在何处，而马云呢，谁都知道他的名字，谁都知道他的阿里巴巴，谁都知道他的成功。

马云投身互联网行业的时候，中国IT业还没能发展起来，尽管当时竞争不算激烈，但前景却是一片迷茫，市场也是一片动荡，非常不太平。后来短短几年的时间，中国的互联网行业就迅速发展起来，市场好了，随之而来的竞争也变得越来越激烈。可以说，马云也是从竞争中杀出来的，而在无数次的“厮杀”中，他悟到一个最重要的道理，那就是：一个公司的成功与失败，归根结底还在于创业者的胸怀。

在一次演讲中，马云就曾这样说道：“把周瑜气死的人，其实是他自己，诸葛亮从来就没气过他。当你把你的对手当作敌人的时候，你的开局其实就已经输了，你把他当靶子天天挂在眼前，那你就只能打这一个了，其他人都没有用。竞争其实才是最大的快乐，如果你在竞争中感受到的是痛苦，而且越来越痛苦，那么只能说明你的竞争策略是错误的。我和其他企业竞争的时候，之所以能赢，归根结底就是因为，他们在我眼中从来都不是对手。只有做到心中无敌，才能真正天下无敌！”

人想要进步，就得学会调整自己的心态，学会享受竞争的乐趣。当你不把对手当作对手，而看成是可以学习的榜样时，你的心态将会发生翻天覆地的变化，竞争也就不再是你死我活的争斗。你的对手将会成为鞭策你前进的动力，甚至是可以合作共赢的朋友。

机会往往就埋藏在抱怨中

中国有句成语："塞翁失马，焉知非福。"意思就是说，生活中的很多事情是没有绝对的好与坏的，在一定的条件下，坏事可以变成好事，而好事同样可能变成坏事。所以，在遭遇不幸的时候，不要急着抱怨，换个想法，或许会发生转机。

马云的很多奇思妙想就是从抱怨中得到灵感的。他做淘宝、做支付宝、做物流，都是因为听到客户的抱怨，注意到他们的需求，从而才发掘出商机的。面对抱怨和批评，马云的态度永远是积极向上的，也正因为这样，阿里巴巴才能一步步得到完善和发展，最终走向世界。

2014 年，马云在出席《伴你启航》论坛的时候，就曾鼓励那些年轻的创业者："创业的机会其实就潜藏在那些有抱怨的地方、不合理的地方以及有人投诉的地方。这个世界上其实有着很多机会，你每天打开互联网，看到人们在不停地抱怨，那些抱怨其实都是机会。如果你选择加入抱怨，那么你将什么也得不到，你应该做的，是把别人的抱怨、投诉、仇恨以及那些不靠谱的地方都变成你的机会。"

抱怨是负面情绪的宣泄，有抱怨就意味着有不满意，意味着这里有可以改进和发展的空间，而这个空间正是我们所追求的商机。海尔集团的CEO张瑞敏就曾说过："我们一直在给员工灌输这样一个理念：从本质上来说，营销干的事情不是把东西卖出去，而是把意见买进来。根据用户们的意见，企业才能不断改进、不断完善，让客户满意，从而收获客户的忠诚度。"

抱怨是不好的，但世界上许多伟大的发明往往是因抱怨而产生灵感的。如今，这样的例子有很多：因为有人抱怨不知该怎么点菜，怎么选饭馆，于是大众点评出现了；因为有人抱怨租房不容易，选房很困难，于是58同城应运而生了；有人抱怨打车太痛苦，叫车很艰难，于是打车软件就来了；有人抱怨吃饭要排队，买饭得出门，外卖软件就火了……抱怨所能给我们带来的，不仅是商机，同时也是契机。很多好的点子是从不满开始、由抱怨滋生的，你可以选择做那个抱怨的人，同样可以选择做那个听取抱怨并从中找到机会的人。

19世纪80年代的一天晚上，美国一家医院来了一对年轻夫妇，他们带着一个婴孩来看病。经过诊断之后，医生表示，婴孩只是普通的感冒发烧，只需要住院观察几天就能出院了。

在妈妈照顾婴孩，给他喂流食的时候，因为勺子太烫，不小心把婴孩的嘴角给烫伤了，这虽然不是什么大事，但夫妻俩都觉得非常心疼。值班的医生看到后，不由得抱怨了一句：

“唉，这汤匙上要是能有个温度计，孩子也就不会这么容易被烫伤了！”

医生本来只是随便说说，但这句话却被这对夫妇牢牢记在了心里。后来，这个年轻的爸爸真的发明了一种带温度计的汤匙，并受到大家的广泛欢迎，这位年轻的爸爸名叫约翰逊，他就是美国著名的强生公司的创始人。

因为汤匙太烫孩子的嘴被烫伤，这种事情很多家长都遇到过，但很多人只是像那位医生一样，发出几句不满的抱怨，然后就把这事抛之脑后了。而约翰逊却记住了，他不仅记住了，还真的做出一个能够解决这些抱怨的东西，从而抓住了一个宝贵的商机，打开了通往成功的大门。

有一位客户一直是松下电器的忠实支持者，使用了好几年松下电器的有线熨斗。在使用过程中，他发现这款有线熨斗在不经意间就会发生触电现象。这位顾客觉得很生气，就打电话向松下电器投诉了这一情况，并要求赔偿。这通投诉引起了松下电器的重视，他们甚至专门召开了好几次大型会议，就有线熨斗触电问题进行探讨。在探讨过程中，有人突然提出一个想法：既然有线熨斗有这样多的麻烦和缺陷，那么如果变成无线的，是不是会更受人们欢迎呢？无线熨斗就这样诞生了，投入市场之后，受到了客户们的广泛好评。后来，松下电器还特别对这位投诉的客户表示了感谢，如果没有他的这通投诉，松下电器也不会在这么短的时间内想出“无线熨斗”这个绝妙的主意。

可见，机会往往埋藏在抱怨之中，重要的是，你是以什么样的心态去面对抱怨的。如果松下电器在接到客户抱怨时是带着负面情绪，用不满的心态面对的，那么他们要么将客户的投诉置之不理，敷衍了事，要么可能与客户发生争执和冲突。这样一来，这通投诉对他们来说就是绝对的坏事了。但他们并没有这样做，而是以平和的心态接纳了这通投诉，并给予了足够的重视，所以坏事最终变成好事，抱怨最终开出机会的花朵。

所以说，人的一生是成功还是失败，归根结底取决于人的心态。在面对不满和抱怨时，要有能将其转化为正能量的心胸与力量，这样才能把坏事变成好事，把抱怨变成机遇。

/ 激流勇退，给人生一场完美的落幕 /

2019 年 9 月 10 日（教师节），阿里巴巴成立 20 周年，55 岁的马云卸任阿里巴巴集团董事局主席。马云退休了。

对于很多人来说，开始做事业不容易，结束做事业同样不容易，若是在人生最辉煌、最巅峰的时候激流勇退，那就更不是件容易的事了。懂得激流勇退的人都是智者，而能够真正做到激流勇退的人，皆为豁达通透之人。因为他们明白，所谓“功成身退”，保全的不仅仅是自己的功名，更重要的是能回归本心，不忘初衷。

人应当珍惜自己，因为不是所有的事情都有重来的机会。人要学会勇敢，懂得在该奋斗的年纪一往无前；人更要学会止步，在适当的时候停下匆忙的脚步，这又何尝不是一种全新的前进。

人生就像一条波浪线，当你处于谷底时，要懂得奋起，因为那时候，无论你如何走，你的人生都会是不断向上的；而若你已然站在巅峰，那便应懂得激流勇退，因为那时候，无论你如何踏出脚步，都只能是走下坡路了。

人生应当是多元化的，无忧无虑是人生，肆意张扬是人生，艰苦创业是人生，享受成功是人生，功成身退同样是人生。

有部意大利电影名叫《云上的故事》，其中有一个镜头令人印象非常深刻：一个富翁雇佣了一群工人帮助他搬运东西，要从山脚一直搬到山上去。在途中工人们突然停了下来，不管富翁如何催促，他们都不愿继续往前走。过了很久之后，这群工人才又继续开始工作，帮助富翁把东西搬到了山顶上。富翁觉得很奇怪，就问这些工人："刚才为什么你们突然就停住不走了？"工人们笑着回答："因为刚才走得太快，把灵魂给落在后头了。"

任何事情都是有惯性的，如果总是跑得太快，不懂得适时地让自己暂停一下，那么一不小心，就可能把"灵魂"落在后面了。

成功是人生最美丽的一道风景线，但我们也要提防，别让成功成为"逼迫"我们向前的威胁，以至于失去了奋斗和拼搏的本意。人要学会适可而止，更要懂得激流勇退，这不是一种退缩，而是一种升华，更是一种看透世事的了悟。

人这一生，该有个灿烂的开始，更应有个完美的落幕。真正的成功者，应有如马云一般的智慧与豁达，懂得在经历成功路上的"腥风血雨"之后，亦勇敢大度地选择功成身退，回归生活，回归简单。沉淀下躁动的心，便能为自己的人生再次开辟出一片崭新的天地。

正如马云在卸任演讲中说的：世界那么美好，有那么多事我都想去体验，都想去尝试一下。而且世界上还有那么多不美好、不对的事情，不尽如人意的地方，我自己觉得要去折腾折腾。